Cosas que no quiero saber

Deborah Levy (Johannesburgo, 1959) es novelista, dramaturga y poeta británica. Es autora de ocho novelas: *Beautiful Mutants* (1986), *Swallowin Geography* (1993), *The Unloved* (1994), *Billy & Girl* (1996), *Nadando a casa* (2015), *Leche caliente* (2018), *El hombre que lo vio todo* (2022) y *Azul de agosto* (2024). *Nadando a casa* fue finalista del Man Booker Prize y del Jewish Quarterly Wingate Prize en 2012, y *Leche caliente* fue seleccionada para el Man Booker Prize y el Goldsmiths Prize en 2016. Deborah Levy es también autora de una colección de cuentos, *Black Vodka* (2013), finalista del BBC International Short Story Award y del Frank O'Connor International Short Story Award. Ha escrito para la Royal Shakespeare Company y para la BBC. *Cosas que no quiero saber* (2020), *El coste de vivir* (2020) y *Una casa propia* (2022) forman su «autobiografía en construcción». Los dos primeros volúmenes recibieron el Premio Femina Étranger.

DEBORAH LEVY

Cosas que no quiero saber

**Una respuesta al ensayo de 1946
de George Orwell «Por qué escribo»**

Traducción de
Cruz Rodríguez Juiz

DEBOLS!LLO

Papel certificado por el Forest Stewardship Council®

MIXTO
Papel | Apoyando la
silvicultura responsable
FSC® C117695

Penguin
Random House
Grupo Editorial

Título original: *Things I Don´t Want to Know*

Primera edición en Debolsillo: febrero de 2026

© 2013, Deborah Levy
© 2019, 2022, 2026, Penguin Random House Grupo Editorial, S.A.U.
Travessera de Gràcia, 47-49. 08021 Barcelona
© 2019, Cruz Rodríguez Juiz, por la traducción

La frase «sencillamente no veía hacia dónde ir» hace referencia
al poema de Sylvia Plath «The Moon and the Yew Tree»

Diseño de la cubierta: Penguin Random House Grupo Editorial / Laura Jubert
Imagen de la cubierta: *Vivir su vida (Vivre sa vie)*, una película de Jean-Luc Godard
© 1962 Les Films de la Pléiade

Printed in Spain – Impreso en España

ISBN: 978-84-663-8999-0
Depósito legal: B-21.445-2025

Impreso en Black Print CPI Ibérica
Sant Andreu de la Barca (Barcelona)

P 389990

Todos los animales son iguales, pero algunos animales son más iguales que otros.

GEORGE ORWELL,

Rebelión en la granja (1945)

Más o menos sé cómo me hice escritor. No sé exactamente por qué. Para existir, ¿realmente necesitaba poner en fila palabras y frases? Para existir, ¿me bastaba con escribir unos cuantos libros? […] Un día está claro que tendré que empezar a usar palabras para descubrir lo que es real, para descubrir mi realidad.

GEORGES PEREC,

Especies de espacios (1974)

ÍNDICE

1

PROPÓSITO POLÍTICO

> Tú eres tu vida, y nada más.
>
> JEAN-PAUL SARTRE,
> *A puerta cerrada* (1944)

Aquella primavera en que la vida se hacía cuesta arriba y yo andaba peleada con mi suerte y sencillamente no veía hacia dónde ir, lloraba sobre todo en las escaleras mecánicas de las estaciones ferroviarias. Bajando no pasaba nada, pero había algo en el hecho de permanecer quieta y dejarme subir que lo desencadenaba. Las lágrimas brotaban de ninguna parte, y para cuando coronaba las escaleras y notaba el viento entrando a ráfagas tenía que poner todo mi empeño para reprimir el llanto. Era como si el impulso de las escaleras mecánicas que me transportaban adelante y arriba fuera la expresión física de una conversación que mantenía conmigo misma. Las escaleras mecánicas, que en los primeros días de su invención se llamaban «escaleras viajeras» o «escaleras mágicas», se habían convertido misteriosamente en zonas peligrosas.

Me aseguraba de que no me faltara lectura en los viajes en tren. Fue la primera vez en mi vida que disfruté leyendo columnas sobre lo que le pasaba al cortacésped del periodista. Cuando no estaba absorta en cosas así (que para mí eran como si me inyectaran un dardo tranquilizante) el libro que más leía era la novela corta *Del amor y otros demonios* de Gabriel García Márquez. De todos los personajes con y sin amor que soñaban y maquinaban en hamacas bajo el azul del cielo caribeño, el único que me interesaba de verdad era Bernarda Cabrera, la disoluta esposa de un marqués que había renunciado a la vida y a su matrimonio. Para escapar de la suya, Bernarda Cabrera prueba el «chocolate mágico» de Oaxaca gracias a su amante esclavo y comienza a vivir en estado de delirio. Adicta a las tabletas de cacao y la miel fermentada, pasa la mayor parte del día tirada desnuda en el suelo del dormitorio, «envuelta en el fulgor de sus flatos letales». Para cuando me apeaba del tren y comenzaba a llorar en las escaleras que aparentemente me invitaban a leerme la mente (en un momento de mi vida en que prefería leer otras cosas) empezaba a considerar a Bernarda un ejemplo a seguir.

Comprendí que las cosas tenían que cambiar cuando una semana me descubrí mirando fijamente un póster de mi lavabo titulado «El sistema óseo». Mostraba un esqueleto humano con sus órganos internos y huesos etiquetados en latín y yo siempre me equivocaba y leía «El sistema social». Tomé una decisión. Si las escaleras mecánicas se habían convertido en máquinas de tórrida emotividad, un sistema que me transportaba a lugares a los que no quería ir, ¿por qué no comprar un billete a algún sitio al que sí quisiera ir?

A los tres días, enfundé mi nuevo ordenador portátil y me acomodé en el asiento 22-pasillo rumbo a Palma de Mallorca. Mientras el avión despegaba caí en la cuenta de que estar suspendida entre el cielo y la tierra recordaba un poco a una escalera mecánica. El infeliz que iba sentado al lado de la mujer llorosa tenía aspecto de haber servido en el ejército en el pasado y dedicar ahora la vida a tumbarse a la bartola en la playa. Me alegró que mi compañero de viaje barato fuera un tipo duro de fuertes espaldas cuadradas y cuello grueso y quemado a ronchas por el sol, pero no quería que nadie intentara consolarme. De todos modos, se diría que mis lágrimas le indujeron

un coma comprador tántrico porque llamó a la azafata y pidió dos latas de cerveza, un vodka con Coca-
Cola, otra Coca-Cola, un tubo de Pringles, un rasca
y gana, un oso de peluche relleno de minichocolati-
nas y un reloj suizo de oferta, y preguntó si la aerolí-
nea disponía de uno de esos formularios para rellenar
con los que te regalaban unas vacaciones si te tocaba
la rifa. El militar bronceado me plantó el peluche delante de la cara y dijo «Esto la animará, seguro», como
si el oso fuera un pañuelo al que le hubieran cosido
ojos de cristal.

Cuando el avión aterrizó en Palma a las once de la
noche, puede que el único taxista dispuesto a con-
ducirme por las empinadas carreteras de montaña estuviera ciego porque un velo blanco le nublaba los
dos ojos. En la cola nadie quería admitir el temor a
que estampara el coche y lo esquivaban cuando su
taxi se detenía ante ellos. Una vez que acordamos la
tarifa, el hombre se las apañó para conducir sin mirar
a la carretera y en su defecto fue toqueteando el dial
de la radio mientras se miraba los pies. Una hora después enfiló el Mercedes por una carretera estrecha
bordeada de pinos que yo sabía que me parecería más
larga de lo que era. Alcanzó la mitad del camino y de
pronto gritó «NO NO NO» y el coche se paró en seco.
Por primera vez en toda la primavera me vinieron

ganas de reír. Nos quedamos sentados a oscuras, mientras un conejo correteaba por el campo, sin que ninguno de los dos supiera qué hacer. Al final le di una buena propina por conducción temeraria y eché a andar por el sendero oscuro que según recordaba vagamente conducía al hotel.

El olor a fuego de leña de las casas de piedra de más abajo y los cencerross de las ovejas pastando en las montañas y el extraño silencio que se produce entre sus súbitos tintineos me dieron ganas de fumar. Hacía mucho que había dejado el tabaco, pero en el aeropuerto había comprado un paquete de cigarri-llos españoles con la firme intención de volver a fumar. Me senté en una roca húmeda, debajo de un árbol un poco apartado del sendero, me puse el por-tátil entre las piernas y encendí un pitillo bajo las estrellas.

Fumar tabaco español barato con sabor a calcetín sucio debajo de un pino era muchísimo mejor que intentar mantener la compostura en las escaleras me-cánicas. Había algo reconfortante en estar literal-mente perdida cuando me sentía perdida en todos los demás sentidos y, justo cuando estaba contem-plando la posibilidad de tener que pasar la noche al raso, oí que alguien me llamaba. Ocurrieron varias cosas a la vez. Oí a alguien en el sendero y luego vi los pies de una mujer con zapatos de cuero rojo avanzando hacia mí. Volvió a gritar mi nombre, pero por alguna razón fui incapaz de relacionar conmigo el nombre que gritaba. De pronto me enfocaron la cara con una linterna, y cuando la mujer me vio sentada en una roca debajo de un árbol fumándome un pitillo dijo:

—Ah, estás aquí.

Tenía la cara tan pálida que me impresionó y me pregunté si no estaría loca. Pero entonces recordé que la loca era yo porque ella solo intentaba arrancarme de una roca al borde de la montaña, vestida de playa una noche en que la temperatura había caído por debajo de cero.

—Te he visto adentrarte en el bosque. Te has perdido, ¿verdad?

Asentí, pero debí de parecer confusa porque añadió:

—Me llamo Maria.

Maria era la propietaria del hotel y me pareció mucho mayor y más triste que la última vez que nos habíamos visto. Probablemente ella pensó lo mismo de mí.

—Hola, Maria.

Me levanté.

—Gracias por venir a buscarme.

Caminamos en silencio rumbo al hotel y enfocó la linterna hacia el recodo donde me había desviado del camino, como si fuera una policía reuniendo pruebas para algo que ninguna de las dos alcanzaba a imaginar.

La gente que se hospeda en esta pensión quiere cosas concretas: un lugar tranquilo cerca de los campos de cítricos y las cascadas, habitaciones amplias y baratas, calma para descansar y pensar. No hay minibar ni televisor, no hay agua caliente ni servicio de habitaciones. Nunca se anuncia en las guías turísticas, solo el boca a boca garantiza que siempre se llene en temporada alta. La primera vez que me hospedé aquí tenía veintipocos años y estaba escribiendo mi primera novela en una máquina Smith Corona que transportaba en una funda de almohada; luego vine con treinta y muchos, cuando estaba enamorada y cargaba con lo que llamaban un ordenador «transportable». Tuve que comprar una bolsa especial para el ordenador, un rectángulo alargado con acolchado extra y pequeños compartimentos para el ratón y el teclado. Estaba muy orgullosa del ordenador y aún más orgullosa de ser capaz de instalarlo en cualquier habitación de hotel con el cable conector que había comprado en el aeropuerto. La seca tarde de agosto que transporté mi (pesadísimo) ordenador transportable montaña arriba, más el resto de las maletas, llevaba un vestido corto de algodón azul y unos zapatos de ante y no podía ser más feliz. Cuando la felicidad ocurre es como si no hubiera pasado nada antes, es una sensación que solo ocurre en presente. Me gustaba estar sola sabiendo que volvería con mi cariñito, el gran amor de mi vida. Lo telefoneaba cada noche desde la anticuada cabina que había junto a la pizzería, apretando el puño lleno de monedas de cien pesetas sudadas que conectaban nuestras voces, metiéndolas por la ranura, creyendo que el amor, el Gran Amor, era la única estación en la que viviría.

Si bien el amor había mutado a otra cosa, a algo que no reconocía, la terraza de delante de la pensión, con sus mesas y sus sillas bajo los olivos, estaba exactamente igual que la última vez que me había hospedado allí. Todo seguía igual. El suelo de baldosas adornadas. Las puertas de madera gruesa que daban a la vieja palmera del patio. El lustroso piano de cola esperando majestuosamente en el vestíbulo. La piedra gruesa y fría de las paredes encaladas. Mi habitación también estaba exactamente igual, salvo que esta vez al abrir las puertas del armario carcomido y ver las mismas cuatro perchas torcidas colgando de la barra, me pareció que imitaban la forma de unos tristes hombros humanos.

Me dispuse a cumplir los rituales habituales de viajar sola como tantas otras veces en mi vida; desenredar cables y enchufar cuidadosamente el adaptador europeo de dos clavijas, conectar el ordenador, cargar el móvil, disponer sobre el pequeño escritorio los dos libros y el único cuaderno que había llevado conmigo. En primer lugar, el desgastado *Del amor y otros demonios* y, en segundo, *Un invierno en Mallorca* de George Sand, un relato del invierno que pasó en Mallorca con su amante, Frederick Chopin, y los dos hijos de su primer matrimonio. El cuaderno que había traído conmigo tenía el título de «POLONIA, 1988». Probablemente resultaría más romántico describirlo como «mi diario», pero yo lo consideraba un cuaderno, hasta puede que un cuaderno de sheriff porque siempre andaba recabando pruebas para algo que no alcanzaba a imaginar.

En 1988 estaba tomando notas en Polonia, pero ¿para qué? Terminé hojeando el cuaderno para recordarlo.

En octubre de 1988 me habían invitado a escribir sobre una representación dirigida por la reconocida actriz polaca Zofia Kalinska, que había colaborado en numerosas producciones con el director teatral, pintor y dramaturgo Tadeusz Kantor. El cuaderno arranca en Heathrow, Londres. Estoy en un avión (aerolíneas

LOT) destino Varsovia. Casi todos los pasajeros encadenan un cigarrillo tras otro y toda la tripulación femenina lleva el pelo teñido de rubio platino. Cuando empujan el carrito por el pasillo para repartir un «refresco» irreconocible (¿zumo de cereza?) en un vasito de plástico gris a los entusiastas fumadores, recuerdan a enfermeras beligerantes repartiendo la medicación entre los pacientes problemáticos. Esta escena apareció en una novela que escribí dos décadas después: la tripulación de cabina de las aerolíneas LOT se transformaba en enfermeras importadas de Lituania, Odessa y Kiev para aplicar terapia de electroshock a los pacientes de un hospital de Kent, Inglaterra.

Esta novela, por lo visto, era para lo que había estado recabando pruebas veinte años antes de escribirla.

A continuación el cuaderno me cuenta que estoy en un tren en Varsovia, vagón 5, asiento 71, rumbo a Cracovia, donde reside Zofia Kalinska. Aquí presencio una escena que no desentonaría en una de las representaciones de Kantor. Un soldado está despidiéndose de tres mujeres: su hermana, su madre y su novia. Primero besa la mano de la madre. Después besa la mejilla de la hermana. Finalmente besa los labios de la novia. También anoto que la economía de Polonia se desmorona, que el gobierno ha subido un 40 por ciento el precio de los alimentos, que se han sucedido huelgas y manifestaciones en las fundiciones de acero y hierro de Nowa Huta y en los astilleros de Gdansk.

Al parecer lo que me interesa (en mi cuaderno de sheriff) es el acto de besar en medio de una catástrofe política.

Estoy en Cracovia. Zofia Kalinska se pone dos collares (chamánicos) para el ensayo de la obra: uno de turquesa deslustrada y otro de ajenjo. Anoto que la absenta se hace con ajenjo. ¿No empapaban los antiguos egipcios el ajenjo en vino como remedio para diversos males? Había leído en alguna parte que la absenta, con su embriagadora mezcla de hinojo y anís verde, se distribuía entre la soldadesca francesa de principios del siglo diecinueve para prevenir la malaria. Los soldados regresaban a Francia aficionados al «hada verde». Si no les picaban los mosquitos, al menos les mordía una criatura alada, una metáfora, mientras yacían heridos y alucinando en los catres de campaña. Me recuerdo que debo preguntarle a Zofia por los collares. Zofia tiene sesenta y tantos años y ha actuado en algunas de las producciones más famosas del teatro de vanguardia europeo, entre ellas *La clase muerta*, de Kantor, en la que unos maniquíes se enfrentan a una serie de personajes aparentemente difuntos para recordarles sus sueños de juventud. Hoy, Zofia tiene algunos consejos para sus actores de la Europa occidental.

«La forma jamás debe superar al contenido, en particular en Polonia. Tiene que ver con nuestra historia: la represión, los alemanes, los rusos, nos avergonzamos de tantas emociones. En el teatro debemos emplear la emoción con cautela, no debemos imitarla. En mis producciones, que se han descrito como "surrealistas", no existe una emoción surrealista. Al mismo tiempo, no estamos haciendo teatro psicológico, no estamos imitando a la realidad.»

Le pide a una actriz joven que alce la voz.

«Alzar la voz no significa hablar más alto, se trata de sentirte con el derecho a manifestar un deseo. Siempre dudamos cuando deseamos algo. En mi teatro, me gusta mostrar la duda en lugar de disimularla. Una duda no es lo mismo que una pausa. Es un intento de derrotar al deseo. Pero cuando estás lista para atrapar ese deseo y manifestarlo mediante el lenguaje, entonces puedes susurrar, porque el público siempre te oirá.»

Y entonces se le ocurre una idea. Dice que la ropa de la actriz que interpreta a Medea está mal. Medea asesinó a sus hijos, así que debería llevar un vestido con un agujero recortado en su vientre. Zofia explica que es una imagen poética, pero que la actriz no debería recitar el texto como si fuera poesía.

Se me ocurrió que los consejos de Zofia a sus actores habían acompañado a mi escritura durante gran parte de mi vida. El contenido debía superar a la forma: sí, un apunte subversivo para una escritora como yo, que siempre había experimentado con la forma, pero equivocado para el escritor que nunca haya experimentado con ella. Y un consejo equivocado para un escritor que nunca se haya planteado qué pasaría si el soldado de Varsovia besara a su madre en los labios y a su novia en la mano. Y sí, no existía la emoción surrealista. Su otro mensaje era que la emoción, que siempre aterra al estirado vanguardista, se transmite mejor con una voz fría como el hielo. En cuanto a las estrategias que podía emplear el escritor de ficción para desplegar las distintas maneras en que los personajes intentan derrotar un deseo largo tiempo reprimido, para mí, el sentido de escribir radica en esa duda.

No sé por qué me había llevado a Mallorca el cuaderno de Polonia. En realidad, sí. Garabateados en el dorso de la portada había dos menús polacos que le había pedido a Zofia que me tradujera al inglés:

Borscht blanco con huevo duro y salchichas.
Estofado de caza tradicional con puré de patatas.
Refresco.

O

Sopa de pepino tradicional polaca.
Hojas de col rellenas de carne y puré de patatas.
Refresco.

Había utilizado estos mismos menús en la novela todavía inédita *Nadando a casa*, que escribí dos décadas después, la novela en que la tripulación de cabina de las aerolíneas LOT se había transformado en unas enfermeras de Odessa, pero no quería pensar en ello. Cerré el cuaderno. Al cabo de un rato lo deposité en el pequeño escritorio y luego volví a colocar la silla.

A la mañana siguiente cuando me desperté, a las ocho, oí a Maria gritándole a su hermano, que estaba gritándole a la limpiadora. Se me había olvidado que en el sur de Europa todo el mundo grita y da portazos y los perros ladran todo el rato y desde el valle se oyen siempre golpes procedentes de los edificios de paredes de piedra, las reparaciones de las cabañas y los gallineros y las vallas.

Y otro ruido. Algo de una familiaridad tan inquietante que quise taparme los oídos con los dedos. Mientras bajaba a la terraza a desayunar oí sollozar a una mujer. BUA BUA BUA. No quería escuchar que unos BUAS eran más largos que otros y que estos transmitían mayor pena en lo que duraba una respiración. Los llantos provenían del cuarto de encima de la terraza donde se guardaban las escobas y las fregonas. Maria estaba llorando con la cabeza hundida entre los brazos, apoyados en la lavadora. Me vio camino de la mesa y me dio la espalda.

A los diez minutos nos sirvió el desayuno en bandeja de plata: cuencos de yogur casero y miel oscura, bollos calientes, una buena taza de café aromático acompañada de una jarra de leche, un vaso de agua de manantial con una rodaja de limón y dos albaricoques frescos. Mientras descargaba la bandeja no me preguntó ni una sola vez por mi vida en Londres ni yo inquirí sobre la suya en Mallorca. Me cuidé de no mirarla, pero con la conciencia de ser una policía recabando pruebas para algo que ninguna de las dos alcanzaba a imaginar.

Maria era una de las pocas mujeres de aquel pueblo católico que no se había casado ni había tenido hijos. Quizá estuviera harta de esos rituales porque sabía que terminarían explotándola. En cualquier caso, saltaba a la vista que tenía otra clase de proyectos en mente. Había diseñado el sistema de riego que alimentaba el huerto de cítricos y, por supuesto, también el ambiente de aquel hotel tranquilo y asequible. Dado que mayoritariamente atraía a viajeros solitarios, cabía la posibilidad de que Maria se hubiera construido en silencio un refugio fuera de La Familia. Un lugar que también era su hogar (su hermano vivía en otra parte con su mujer), pero un hogar que no le pertenecía por completo: los temas financieros los gestionaba el hermano. En cualquier caso, Maria había apostado por una vida que no incluía los rituales del matrimonio y la maternidad.

Mientras mordía la dulce pulpa naranja del albaricoque, me descubrí pensando en algunas de las mujeres, de las madres que habían esperado conmigo en el patio de la escuela al ir a recoger a nuestros hijos. Ahora que nos habíamos convertido en madres todas éramos sombras de lo que fuimos, perseguidas por las mujeres que éramos antes de tener hijos. En realidad no sabíamos qué hacer con ella, con esa joven fiera, independiente, que nos seguía por ahí, gritando y señalando con el dedo mientras empujábamos los cochecitos infantiles bajo la lluvia inglesa. Intentábamos responderle pero carecíamos del lenguaje para explicar que no éramos mujeres que simplemente hubieran «adquirido» unos hijos: nos habíamos metamorfoseado (cuerpos nuevos y pesados, leche en los pechos, programadas hormonalmente para salir corriendo hacia nuestros bebés cuando rompieran a llorar) en alguien que no terminábamos de entender.

El embarazo y la fertilidad femeninos no solo continúan fascinando a nuestra imaginación colectiva, sino que también sirven de santuario a lo sagrado. […] Hoy en día la maternidad está imbuida de lo que ha sobrevivido del *sentimiento religioso.*

JULIA KRISTEVA,
Motherhood Today (2005)

La Madre era La Mujer que el mundo entero había imaginado hasta la saciedad. Costaba mucho renegociar la fantasía nostálgica del mundo acerca de nuestro propósito en la vida. El problema radicaba en que también nosotras albergábamos toda suerte de imaginaciones descabelladas acerca de lo que debería «ser» la Madre y nos atormentaba el deseo de no decepcionar. Todavía no habíamos comprendido del todo que la Madre, tal como la imaginaba y politizaba el Sistema Social, era un engaño. El mundo quería más a esa falsa ilusión que a la madre. De todos modos, nos sentíamos culpables ante la idea de desvelar el engaño por si el nicho que habíamos construido para nuestros amados hijos y nosotras mismas se nos derrumbaba alrededor de las deportivas sucias de barro, cosidas probablemente por niños esclavos en talleres tercermundistas repartidos por todo el planeta. Era misterioso porque a mí me parecía que el mundo masculino con sus proyectos políticos (jamás a favor de los niños y las mujeres) en realidad sentía celos de la pasión que nos despertaban nuestros hijos. Como todo lo relacionado con el amor, nuestros hijos nos hacían inmensamente felices —e infelices—, pero nunca tan desgraciadas como nos hacía sentir el neopatriarcado del siglo veintiuno. Se nos exigía ser pasivas pero ambiciosas, maternales pero eróticamente enérgicas, abnegadas pero realizadas: teníamos que ser Mujeres Modernas Fuertes al tiempo que vivíamos sometidas a todo tipo de humillaciones, tanto económicas como domésticas. Si bien nos sentíamos culpables por todo casi todo el tiempo, no estábamos seguras de qué habíamos hecho mal.

Había pasado algo extraño con la forma en que un grupo particular de las mujeres con las que coincidía en el patio del colegio empleaban el lenguaje. Utilizaban palabras que resultaban infantiles pero no tan interesantes como las que inventaban los niños. Palabras como pupas quejica cuqui súper chachi *veggie* creída. Y marcaban una distancia incómoda entre ellas y las madres trabajadoras a las que llamaban chonis. Las chonis del patio tenían menos dinero y menos educación y comían más chocolate y patatas fritas y otras delicias. Decían cosas del tipo: Oh, Dios mío, no sabía dónde meterme. En conjunto a mí me parecía lo más emocionante de cuanto se decía:

Oh, Dios mío,

no sabía dónde meterme.

Si los Oh, Dios mío remitían a William Blake, el lenguaje que salía de las bocas de las mujeres supercuquis correspondía a alguien que en lugar de madurar reverdecía. Escuchaba asombrada a todas aquellas madres porque sabía que estábamos todas agotadas y lo hacíamos lo mejor que sabíamos en nuestro nuevo nicho del Sistema Social. Hecho que en mi opinión nos hacía un poco raras a todas.

Adrienne Rich, a la que estaba leyendo por aquel entonces, lo decía exactamente así: «Ninguna mujer está completamente integrada en las instituciones concebidas por la conciencia masculina». Eso era lo raro. Para mí empezaba a evidenciarse que la Maternidad era una institución concebida por la conciencia masculina. Esta conciencia masculina era inconsciencia masculina. Necesitaba que sus socias, que además eran madres, pisotearan sus propios deseos y atendieran primero a los deseos masculinos y luego a los deseos de todos los demás. Nosotras probábamos a anular nuestros deseos y descubríamos que se nos daba bien. E invertíamos gran parte de nuestra energía vital en crear un hogar para nuestros hijos y nuestros hombres.

La casa, se trata de la casa familiar, es para meter a los niños y los hombres, para retenerlos en un lugar hecho para ellos, para contener su desvarío, distraerlos de ese espíritu de aventura y de huida que los caracteriza desde el principio de los tiempos. Cuando se aborda esta cuestión lo más difícil es alcanzar el material liso, sin asperezas, que es el pensamiento de la mujer acerca de esta empresa demente que representa una casa. La de la búsqueda de un punto de reunión común a niños y hombres. [...] El propio lugar de la utopía es la casa creada por la mujer, esta tentativa a la que ella no se *resiste*, a saber, interesar a los suyos no en la felicidad, sino en su búsqueda.

Marguerite Duras,
La vida material (1987)*

Nadie lo ha dicho de forma más ruda, ni más delicada, que Marguerite Duras. No he leído ninguna filosofía ni teoría crítica feminista que profundice más. Marguerite usaba unas gafas enormes y tenía un ego enorme. Ese ego enorme la ayudó a aplastar las

---

* Esta cita y la siguiente (pp. 31-32) pertenecen a la traducción de Menene Gras Balaguer para Plaza & Janés, Barcelona, 1993. *(N. de la T.)*

falsas ilusiones acerca de la feminidad con ambos zapatos (que eran más pequeños que las gafas). Cuando no estaba demasiado borracha reunía suficiente energía intelectual para avanzar y aplastar un nuevo engaño. Quizá cuando Orwell describió el puro egoísmo como una cualidad necesaria del escritor, no estaba pensando en el puro egoísmo de una escritora. Incluso la escritora más arrogante tiene que trabajar extra para construirse un ego lo bastante robusto como para aguantar todo enero, por no hablar de llegar hasta diciembre. A mí el ego de Duras, que tanto le costó ganarse, me habla todas las estaciones del año.

Un hombre y una mujer son, a pesar de todo, diferentes. La maternidad no es la paternidad. En la maternidad la mujer cede el cuerpo a su hijo, a sus hijos, estos se suben encima de ellas como en una colina, como en un jardín, se la comen, le dan golpecitos, duermen encima de ella y ella se deja devorar y, a veces, duerme mientras están encima de su cuerpo. En la paternidad no ocurre nada similar.

Pero tal vez la mujer mantiene en secreto su propia desesperación a lo largo de sus maternidades, de sus conyugalidades. Tal vez pierde su reino en la desesperación del día a día, y esto en el transcurso de toda su vida. Tal vez sus aspiraciones de juventud, su fuerza y su amor se alejan de ella justamente a causa de las llagas causadas y recibidas en la más pura legalidad. Tal vez es así. Tal vez el martirio es condición de la mujer. Tal vez la mujer completamente floreciente en la demostración de su competencia, su deportividad, su cocina, de su virtud, es para tirarla por las ventanas.

MARGUERITE DURAS,
La vida material (1987)

¿Sugería Duras que las mujeres, más que un oscuro continente, son un barrio residencial bien iluminado? Si la maternidad es el único significante femenino, sabemos que el bebé de nuestro regazo, si está sano y bien atendido, terminará por apartarse de nuestro pecho y ver a alguien más. Verá a otro. Verá el mundo y se enamorará de él. Algunas madres enloquecen porque el mundo que las hace sentir inútiles es el mismo mundo del que se enamoran sus hijos. El barrio residencial de la feminidad no es lugar para vivir. Tampoco es aconsejable buscar refugio en nuestros hijos porque los niños siempre gustan de abrirse su propio camino en el mundo para conocer a otros. Sí, he hecho dar media vuelta muchas veces a mis hijas para abrocharles el abrigo. No obstante, sabía que preferían la libertad y el frío.

Se dijo que me negaba a conceder valor alguno al amor y el instinto maternales. No era cierto. Simplemente exigía que las mujeres los experimentaran sincera y libremente, mientras que a menudo los usan de excusa y refugio, solo para terminar prisioneras de dicho refugio cuando esas emociones se han secado en sus corazones.

SIMONE DE BEAUVOIR,
La fuerza de las cosas (1963)

Empecé a ver a las cuquis y las súper del patio como a esqueletos humanos ataviados con rebecas de color pastel con lentejuelas cosidas en los botones. Las Oh, Dios mío eran esqueletos en chándal. Todas nos sentíamos incómodas en el Sistema Social que dividía el patio de manera tan estúpida y quirúrgica entre esqueletos ricos y esqueletos pobres.

Una madre en particular tenía los ojos tan pequeños que las cuquis y las súper los habrían calificado de ojos de cerdo. No era que los ojos fueran literalmente pequeños, era como si quisieran desaparecer en la cabeza. Cada vez que coincidíamos en el patio, me descubría tratando en vano de no mirarla fijamente. Era cuando sus minúsculas mirillas intentaban zafarse de mi mirada, cuando acostumbraba a insistir (excepcionalmente, todo sea dicho) en que su carismático pero intimidante marido era el amor de su vida. De hecho, él la había anulado de tanto amor. Recuerdo pensar en su momento, sí, no hay que confundir nunca el odio con el amor.

Era como si se hubiera dicho a sí misma en la voz de la conciencia masculina, que imitaba pero no tenía derecho a habitar, que no soportaba por gusto a las bobas (yo) y que defendía cierto tipo de valores. Lo más desconcertante de todo era que se le exigía que criara a sus hijos más o menos sin la participación del marido y, sin embargo, se sentía autorizada en nombre de él a burlarse de las madres solteras del otro lado del patio y a juzgarlas. La manera en que repetía como un muñeco de ventrílocuo los valores y criterios del marido parecía más delirante que absurda. No era una mujer que cayera bien, pero empecé a considerarla una prisionera política. Me parecía que sus ojos querían desaparecer en su cabeza porque la mujer no quería ver que la realidad de la que se había convencido podía acabar con ella.

¿Y mis ojos? Mis ojos que con tanta rapidez se llenaban de lágrimas en las escaleras mecánicas intentaban no mirar fijamente todo lo que estaba mal de mi situación, pero, oh, Dios mío, no sabían dónde meterse.

Desde luego a quien no miraban era a Maria, que ahora estaba barriendo el patio de espaldas a mí.

Decidí ir al colmado del pueblo en busca del chocolate puro que había embriagado a la disoluta esposa ficticia de García Márquez, Bernarda Cabrera. Lo curioso es que lo encontré. Delante de mí, al lado de otras chocolatinas más habituales, había una tableta de CHOCOLATE NEGRO EXTRAFINO: CACAO 99%. Ingredientes: cacao, azúcar. Hasta el envoltorio me advertía de que aquel chocolate aportaba «intensidad». El tendero era un distinguido chino oriundo de Shanghái. Desde que lo conocía siempre lo había visto leyendo libros detrás del mostrador, con las gafas de concha colgando a media nariz. Esta vez me fijé en que tenía el pelo negro veteado de plata mientras intercambiamos los saludos de rigor: qué tal, sí, en esta época no hay muchos turistas, sí, hace mucho frío, el del tiempo ha dicho que quizá nieve, ¿qué pensaba hacer hoy?

Le contesté que pensaba ir caminando hasta el pueblo siguiente a visitar el monasterio donde se habían hospedado George Sand y Frederick Chopin en el invierno de 1838-1839.

Sonrió, aunque fue más bien una mueca. Ah, sí. Jorge Sand. No gustaba a los mallorquines. Se vestía de hombre y decía que los mallorquines preferían los cerdos a las personas. No. Jorge Sand no era una mujer con la que él compartiría de buen grado una botella de vino. Cuando me reí no estaba segura de qué o de quién me estaba riendo. Le pagué el chocolate y luego lo pensé mejor y compré otra tableta de cacao 99 por ciento para Maria.

George Sand (que en realidad se llamaba Amantine Lucile Aurore) fumaba grandes puros para sobrellevar los días. Sin duda los necesitaría viviendo en la lúgubre cartuja de Jesús de Nazaret. Con sus flores marchitas y dolientes santos de madera acechando en las alcobas, parecía un lugar siniestro para vivir con niños o tener una aventura amorosa. La guía turística me informaba de que no habían tenido más remedio que alojarse allí porque nadie se atrevía a hospedar a Chopin, al que habían diagnosticado tuberculosis. La admiré por tratar de mantenerse alegre por sus hijos y escribir sentada a su escritorio llevando los pantalones de Chopin en lugar de malgastar la vida lamentándose de las circunstancias. Con esta idea presente, salí con brío del monasterio y me abrí paso entre los almendros en dirección al mar plateado y fiero que rugía más allá de los acantilados.

Aguardé a que ocurriera algo mientras las olas rompían contra las rocas y el viento me entumecía los dedos. Creo que estaba esperando una revelación, algo importante y profundo que me sacudiera las entrañas. No pasó nada. Y lo que me vino a la cabeza fue el póster de mi lavabo titulado «El sistema óseo» que había leído erróneamente como «El sistema social». La segunda cosa que me vino a la cabeza fue el piano callado del vestíbulo de Maria, un piano al que limpiaban el polvo a diario pero que nunca tocaban. No sé por qué me preocupaba, pero me había llamado la atención. De hecho, esa mañana al bajar las escaleras había intentado no mirarlo. Pensé en todas las cosas que había esperado y me reí. El sonido de mi risa cruel me dio ganas de morirme.

Luego, por la noche, cuando le pedí al beligerante hermano de Maria otra manta con la que pasar una noche más en la gélida Mallorca fingió que no me entendía. Todo el valle olía a humo de leña y era evidente que todas las casas habían encendido la chimenea. Sin duda el único restaurante que abría fuera de temporada tendría un fuego de leña ardiendo al fondo de la sala y allí me encaminé. Cuando la camarera vino a decirme que de ninguna manera, que no, que no podía ocupar yo sola una mesa para tres, seguí el ejemplo del hermano de Maria y fingí que no la entendía. Lo que animó a una pareja alemana sentada cerca de mí y vestida con gorros, abrigos y botas de senderismo idénticas a traducir al alemán lo que decía la camarera, luego al portugués y finalmente a un idioma que sonaba a ruso. Me concentré en la carta con suma atención, asintiendo irritantemente en dirección a la airada camarera y los voluntariosos lingüistas hasta que me percaté de que el tendero chino estaba sentado en la barra. Me saludó y se acercó a mi mesa para tres.

Así pues, ¿qué?, me preguntó, ¿todavía pensaba que los mallorquines habían tenido suerte de conocer a una mujer tan lasciva y descortés como Jorge Sand?

Le dije que sí, que tuvieron muchísima suerte de conocerla y yo de conocerlo a él porque estaban a punto de expulsarme de mi mesa junto a la chimenea. Se sentó y me explicó que, aunque Jorge Sand viniese de la sofisticada cocina francesa donde todo se preparaba con mantequilla, no estaba bien mofarse de los campesinos porque cocinasen con aceite barato, como hacía ella. Lo dijo con acento más chino que español. Como si su voz de pronto hubiera bajado bruscamente de altitud, igual que un avión en una turbulencia. Lo invité a compartir conmigo una botella de vino en mi mesa para tres.

Al principio hablamos de la sopa. Me contó que prácticamente había olvidado cómo se preparaba una sopa china. Hacía muchos años que, con diecinueve, había zarpado de Shanghái rumbo a París, donde trabajó en un restaurante de pescado. La habitación que alquilaba en el 13ème arrondissement siempre olía al cangrejo y las gambas que cocinaba casi a diario. El casero, desconcertado, le explicó que la habitación normalmente olía a orines… como si fuera lo que se exigía en París. Europa era un misterio y una locura. Tuvo que aprender un idioma nuevo y a ganarse el sustento, pero fue el principio de una nueva vida y todos los días resultaban emocionantes. Ahora vendía calzones y bratwurst a los turistas y ganaba más, pero se preguntaba a qué más podía aspirar. Creo que me lo preguntaba a mí, pero no contesté. Bebió un sorbito de vino y dejó la copa con un gesto cuidado, casi quirúrgico, en la mesa. Y entonces alzó la mano y me dio un golpecito seco en el brazo con dos dedos.

—O sea que eres escritora, ¿no?

No era exactamente una pregunta directa porque unos años atrás lo había visto leyendo uno de mis libros detrás del ajedrez desgastado que dejaba sobre el mostrador de la tienda para los turistas. Sabía que era escritora, de modo que me pregunté qué sería lo que en realidad quería saber. Intuía que me estaba preguntando otra cosa. Creo que yo también llevaba tiempo preguntándome otra cosa, porque todavía no había descubierto por qué seguía llorando en las escaleras mecánicas. De modo que cuando dijo «O sea que eres escritora, ¿no?», lo que me vino otra vez a la cabeza fue el póster del Sistema Óseo de mi cuarto de baño.

No estaba segura de que mi sistema óseo hubiera encontrado la manera de caminar libremente por el Sistema Social: para empezar, se había demostrado harto complicado entrar sola en un restaurante vacío de noche y que me permitieran sentarme a una mesa. De ser George Sand, habría tirado la colilla del puro al suelo, me habría sentado a una mesa dispuesta para seis y habría pedido a voz en grito un lechón y una jarra del mejor vino tinto. Pero no era la clase de espectáculo que me apetecía. La víspera, cuando me había adentrado en el bosque a medianoche, aquello sí que era lo que quería hacer. Estaba perdida porque me había pasado el desvío del hotel, pero creo que quería perderme para ver qué pasaba.

Todavía no había respondido a la pregunta del tendero chino: «O sea que eres escritora, ¿no?». Esa primavera, cuando la vida era durísima y yo sencillamente no veía hacia dónde ir, me resultaba imposible responder sí, o mmm, o tan siquiera asentir. Supongo que me avergonzaba de lo que estaba pensando. De todos modos, habría sido una respuesta muy larga; algo así: «Cuando una escritora coloca a un personaje femenino en el centro de su aventura literaria (o de un bosque) y el personaje comienza a proyectar sombras y luces por todo el lugar, tendrá que dar con un lenguaje que en parte tenga que ver con aprender cómo convertirse en sujeto en lugar de en una falsa ilusión, y en parte con desenredar los modos en que el Sistema Social la compuso en primer lugar. Habrá de abordar la cuestión con astucia porque tendrá muchas falsas ilusiones propias. De hecho lo mejor sería que la abordara sin ninguna astucia. Es agotador aprender cómo convertirse en sujeto, bastante cuesta ya aprender cómo convertirse en escritor».

No sabía cómo encajar todas estas ideas y una parte de mí todavía persistía en no querer dedicar un solo segundo más de vida a pensar (de nuevo) en todas esas cuestiones. De modo que dejé los pensamientos pendientes como una ola esperando a romper y seguí sin responder a la pregunta del tendero chino.

Me dio más toquecitos en el brazo. Y luego me rellenó la copa de vino. Tenía una mirada limpia y amable. Estaba invitándome a hablar y yo notaba que el hombre prefería la historia larga a un sí o un no o incluso un mmm o un encogimiento de hombros. Me pareció que no tenía nada que perder contándole que lloraba en las escaleras mecánicas.

Dijo, mira, ya sabes que hablo español y también francés. Pero mi inglés no es muy bueno. ¿Sabes chino?

No.

¿Hablas francés o español?

No.

¿Por qué los ingleses no habláis otros idiomas?

Es cierto, admití, pero ¿sabías que no soy del todo inglesa? Le sorprendió oír eso, y también la camarera de mirada airada y feroz que escuchaba disimuladamente pareció sorprendida. Por supuesto la siguiente pregunta fue ¿dónde naciste? Empecé a hablarle en inglés al tendero chino sobre dónde nací, pero no estoy segura de que después le contara todo cuanto leerás a continuación.

2

IMPULSO HISTÓRICO

> Poco a poco he terminado por enten-
> der lo que han sido todas las grandes
> filosofías hasta la fecha: la confesión
> de su autor y una especie de memorias
> inconscientes involuntarias.
>
> Friedrich Nietzsche,
> *Más allá del bien y del mal* (1886)

1

JOHANNESBURGO, 1964

Nieva en la Sudáfrica del apartheid. Nieva sobre una cebra y nieva sobre una serpiente. Nieva en las gafas de mi padre y por un momento no le veo los ojos. Tengo cinco años y solo he visto la nieve en libros ilustrados. Mi padre me coge de la mano y descendemos por los escalones de la galería roja hacia el jardín para ver de cerca nuestro melocotonero. Está cubierto de cristales de hielo. Vamos a fabricar un muñeco de nieve aunque no tenemos guantes ni cálidas bufandas, pero da igual, dice papá, vamos allá, en África no nieva todos los días.

Primero moldeamos el cuerpo, juntando puñados de milagrosa nieve de Johannesburgo y aplastándola en forma de cúpula oronda. Lo último que hacemos es la cabeza del muñeco, y trazamos una amplia sonrisa con un palo que se ha desprendido del melocotonero. ¿Qué le ponemos por ojos? Corro a casa y regreso con dos galletas de jengibre. Abrimos los agujeros y encajamos las galletas redondas en la cabeza de nieve. Cuando anochece volvemos a entrar en el bungaló alquilado del barrio de Norwood, subimos los escalones encerados que conducen al porche rojo que da a una puerta que se abre a la cocina, donde un saco de algodón lleno de naranjas está apoyado sobre la pintura desconchada de la pared de la alacena.

Fuera, el muñeco de nieve permanece en pie bajo las estrellas africanas. Mañana lo haremos aún más alto y más gordo y le pondremos una bufanda.

Esa noche, mientras estoy en la cama, la sección especial de la policía secreta llama a la puerta de nuestro bungaló. Vienen a buscar a mi padre y le ordenan que prepare una maleta. Dos de los policías están fumando en el jardín, vigilados por el muñeco de nieve que tiene los ojos redondos y huecos. La maleta que mi padre está preparando es muy pequeña. ¿Significa que regresará pronto? Los hombres apoyan sus manazas en los hombros de mi padre. Papá intenta sonreírme. Una sonrisa como la del muñeco de nieve, que se levanta por las comisuras. Y ahora se lo llevan marchando al paso unos hombres que por las conversaciones que he escuchado entre mamá y papá sé que torturan a otras personas y a veces lucen esvásticas tatuadas en las muñecas. Hay un coche aparcado delante de casa. Los hombres dicen «VA VA VA». El coche blanco arranca con mi padre dentro. Me despido, pero no me devuelve el saludo.

Cuando salgo al jardín en pijama le hago una pregunta al muñeco de nieve. Hablo con él igual que la gente habla con Dios, le hablo con la mente y él me responde.

«¿Qué va a pasar?»

El muñeco de nieve me dice: «Meterán a tu padre en un calabozo y lo torturarán y gritará toda la noche y nunca más volverás a verlo».

Noto que me acarician el pelo. Las manos grandes y morenas de Maria me tapan la cara, sus palmas me

aprietan las mejillas. Maria es una zulú alta que escon-
de en el bolsillo un alijo secreto de unos caramelos
oblongos, dulces y blandos llamados Pinkies envueltos
en papel parafinado. Maria también está llorando y me
dice: «Si no crees en el apartheid puedes acabar en prisión. Hoy tienes que ser valiente y mañana también,
igual que montones de niños que tienen que ser valientes porque también se han llevado a sus padres y sus
madres».

Maria vive con nosotros y es mi niñera. Tiene una
hija de mi edad que se llama Thandiwe, pero dice que
el otro nombre de Thandiwe es Doreen para que los
blancos sepan pronunciarlo. El verdadero nombre de
Maria es Zama. Yo sé pronunciar Zama, pero ella me
pide que la llame Maria, que según mi madre es un
nombre italiano y español.

—¿Qué está haciendo Thandiwe, Maria?

Cada vez que le pregunto a Maria por su hija chas-
quea la lengua. Creo que el chasquido significa BASTA,
para de preguntarme por Thandiwe. Cuando volvemos a la cocina, me pide que le frote los pies con vaselina. Maria siempre lleva un bote de vaselina en el bolsillo además de los Pinkies. Ahora lo saca y me siento
en el suelo para que apoye el pie derecho en mi regazo.
La piel del dorso de sus talones está reseca y agrieta-
da, razón por la que me pide que le «lustre» los pies

con la gelatina oleosa hasta que se me calientan los dedos. Al mismo tiempo observo a mi madre llamando por teléfono a abogados y amigos mientras mi hermano de un año, Sam, duerme sobre su hombro. Cuando mamá hace un gesto con la mirada a Maria yo sé que no quiere que yo escuche lo que está diciendo.

—¿Qué está haciendo Thandiwe, Maria?

Una semana atrás Thandiwe había venido a casa y Maria nos había metido a las dos en la bañera y nos había frotado con una pastilla nueva de Lux. Nosotras nos miramos fijamente y nos turnamos para sujetar el jabón. Maria hasta nos dio un Pinkie a cada una para que el día fuera especial y luego nos untó un poco de vaselina en los labios porque los teníamos «agrietados» del sol. Cuando Thandiwe tuvo que marcharse rompió a llorar como una manguera rajada. Lloró a mares sobre la toalla que le envolvía la barriga. Lloró mientras su madre se la sentaba en el regazo y le ponía los zapatos nuevos para el colegio que le había comprado con su sueldo. Los bracitos de niña con aroma a Lux se agarraban al cuello de su madre. Thandiwe no debía estar en nuestra casa porque era negra. Tuvo que prometer que no se lo diría a nadie, a nadie en absoluto. A veces llamaba Doreen a Thandiwe, a veces no. Doreen seguía llorando cuando Maria salió del bungaló para acompañarla a la parada del autobús «Solo para negros» con el que regresaría a donde vivían, en el *township* o distrito segregado. Maria le dijo que tenía que ser valiente y que su abuela la estaba esperando para ver sus zapatos nuevos. Ver a Thandiwe tratando de ser valiente fue lo peor que me había pasado en la vida hasta la fecha, aparte de presenciar cómo se llevaban a mi padre. No sé qué pasó después de untarle vaselina en los pies a Maria, pero luego yo estaba en la cama y mi madre se había acostado a mi lado. Cuando nuestras cabezas se rozaban era con dolor, pero también con amor.

Por la mañana el muñeco de nieve se había derretido. Había desaparecido como mi padre.

¿Qué es un muñeco de nieve? Una oronda presencia paterna construida por niños para que guarde la casa. Es pesado, cargado de sustancia, pero también insustancial, endeble, espectral. Supe desde el momento en que le pusimos ojos de galleta de jengibre que se había convertido en un fantasma de nieve.

2

Dos años después había cumplido siete años y papá seguía ausente, pero mi madre aseguraba que volvería. Miraba fijamente los ojos pintados de mi muñeca

Barbie y lo meditaba. Mi padre no estaba. No estaba porque pertenecía al Congreso Nacional Africano y el gobierno había prohibido el CNA porque luchaba por conseguir la igualdad de derechos humanos. Todos teníamos que ser valientes.

Escudriñaba los ojos azules de la Barbie en busca de indicios de cobardía. Para mi alivio no encontré ninguno porque los ojos estaban pintados. La Barbie era todo lo serena y bonita que se podía ser y yo también quería ser así. Me alegraba de que mi muñeca viniera con cuatro pelucas y un secador. Saltaba a la vista que Barbie era inmune a cualquiera de las cosas horribles que pasaban en el mundo. Ojalá yo tuviera unos ojos azules pintados con largas pestañas negras. Quería unos ojos que no escondieran secretos (¿y dónde está tu padre entonces?) porque no hubiera secretos que esconder (lo están torturando en un calabozo). La Barbie era de plástico y yo también quería ser de plástico.

En el colegio, cuando intentaba hablar, tenía que hacer un gran esfuerzo para que mis palabras se oyeran. El volumen de mi voz había bajado y no sabía cómo subirlo. Se pasaban el día pidiéndome que repitiera lo que acababa de decir y yo lo intentaba, pero repetir las cosas no hacía que sonaran más alto.

—¿Eres tonta?

Les contaba a los niños que mi padre estaba en Inglaterra.

—¿Dónde?

—Ingerland.

No estaba segura de dónde estaba Inglaterra ni de dónde estaba exactamente mi padre, pero la profesora de afrikáans me miraba como si ella lo supiera todo. Yo pensaba en la frase «salido de la nada». Me entusiasmaba pensar en la nada de la que salían las cosas. Había una nada, era grande y misteriosa, como una niebla o un gas y como un planeta, pero también era una cabeza humana con forma de planeta. De la nada, mi profesora me preguntó cómo se deletreaba mi apellido.

L–E–V–Y.

A mí me parecía obvio que la mujer sabía que mi padre era un preso político, pero entonces dijo con voz emocionada «*Ja*, eres judía», como si acabara de descubrir algo increíble, como una moneda romana pegada a la pata de un gatito o una libélula escondida dentro de una barra de pan. Y luego parpadeó con sus pestañas color hígado y dijo: «Ya me he cansado de tus tonterías».

No fue un comentario salido de la nada. En absoluto. La clave era que la profesora llevaba semanas anotando comentarios enfadados en mi cuaderno de ejercicios.

ESCRIBE SIEMPRE EN LA PRIMERA LÍNEA. EMPIEZA AQUÍ.

Yo no había hecho caso de sus correcciones en bolígrafo rojo porque escribir en la primera línea era imposible. No sabía por qué pero siempre empezaba en la tercera para que quedara un hueco entre el principio de la página y la línea donde comenzaba a escribir. La profesora decía que malgastaba papel y rellenaba el espacio entre la primera y la tercera línea con su letra.

EMPIEZA AQUÍ.

EMPIEZA AQUÍ.

EMPIEZA AQUÍ.

Cuando agitaba el dedo delante de mi cara pasaba a través de mi ojo como un fantasma a través de una pared de ladrillos.

—Léeme en voz alta lo que te he escrito en el cuaderno.

—Empieza aquí.

—¡No te oigo!

—EMPIEZA AQUÍ.

—Sí. ¿Por qué eres la única niña de mi clase que se cree que puede empezar donde se le antoja? Toma el cuaderno y ve al despacho del director. Te está esperando.

Eso sí salió de la nada. Yo no quería que el señor Sinclair estuviera esperándome.

Mientras llevaba el cuaderno de ejercicios delictivo bajo el brazo atisbé por la ventana en la siguiente aula. En 1J había un niño llamado Piet que tenía una marca lila en la frente como una herida de bala. Todos los niños sabían que el maestro le había afeitado la cabeza y le había aplicado yodo en la frente con un algodón por decir palabrotas en clase. Ahora tenía la frente manchada de lila para que todos viéramos que había hecho algo malo. Me preguntaba si la mancha se quitaría. Cuando me contaron que a Cristo le habían atravesado las palmas de sus pobres manos de carpintero con clavos me acordé de Piet. ¿Se pasearía por ahí el resto de su vida con un agujero en la cabeza igual que Jesús volvió a la vida con agujeros en las manos? Vi a Piet por la ventana, su frente lechosa con la marca lila mientras reseguía con el dedo las palabras de la página. ¿El Lux podría lavar la mancha o era demasiado profunda?

Piet era afrikáner y yo sabía que los hombres VA VA VA que se habían llevado a mi padre también eran afrikáners. Tenía una vaga idea de que debía considerar a los afrikáners malas personas, pero me daba pena Piet. Y entonces recordé que yo también había hecho algo malo y tenía que cruzar el puente de cemento hasta el despacho del director.

El puente daba al patio. Todos los niños blancos estaban en clase, pero tres niños negros, dos niños y una niña, habían trepado por la verja y estaban rebuscando en los cubos de basura. Los africanos iban descalzos y la niña llevaba un vestido amarillo con solo una manga. Tenía el pelo cortísimo igual que Thandiwe. A veces Thandiwe y yo nos lavábamos el pelo en la bañera con la pastilla de Lux. Cuando nos entraba jabón en los ojos teníamos que echarnos agua a la cara y buscar una toalla con los ojos cerrados. Chocábamos una con la otra porque el jabón nos había dejado ciegas, pero no tanto como fingíamos. Nos gustaba chocar una con la otra. Desde lo alto del puente vi que la niña había encontrado un poco de pan y uno de los niños un calcetín verde. Se guardó el calcetín en el bolsillo. Y entonces alzó la vista y me vio mirando. Cuando miró hacia arriba me agaché, luego enderecé las rodillas y volví a espiar por el borde del puente. Los niños habían huido y el señor Sinclair me estaba esperando.

—Muéstrame el cuaderno.

El director estaba sentado al escritorio tomándose una taza de café.

Mis manos le acercaron el cuaderno de ejercicios, deslizándolo por la superficie brillante. Abrió el cuaderno y miró fijamente la primera página. Luego pasó esa página y también la siguiente. El señor Sinclair fruncía el ceño. Vi que señalaba la primera línea con el dedo. Un mechón de pelos negros asomaba del nudillo mientras daba toquecitos en la página con la orden EMPIEZA AQUÍ escrita una y otra vez.

—Aquí. ¿Por qué no empiezas aquí? Aquí. Aquí. Aquí. Se empieza aquí. ¿Lo entiendes?

Cuando asentí mis dos coletas rubias rebotaron de lado a lado.

Se levantó y comenzó a arremangarse la camisa. Una fotografía enmarcada de dos niños destacaba sobre el escritorio. Un niño y una niña. Al niño le habían afeitado el pelo como a Piet y llevaba uniforme de escolta. La niña llevaba un vestido de cuadritos azules y una cinta azul a juego en la preciosa melena pelirroja. De pronto noté las manos del señor Sinclair en mis piernas. Fue tan inesperado que di un respingo. El director estaba pegándome en el dorso de las piernas con las manos.

A los siete años comenzaba a entender una cosa. Tenía que ver con no sentirte segura con la gente con la que debieras estar a salvo. La pista fue que, incluso a pesar de que el señor Sinclair era blanco y adulto y tenía el nombre escrito con letras doradas en la puerta del despacho, quedaba claro que estaba menos segura con él que con los niños negros a los que había espiado en el patio. La segunda pista fue que en el fondo los niños blancos tenían miedo de los niños negros. Los blancos tenían miedo de los negros porque les habían hecho cosas malas. Si le haces cosas malas a la gente, no te sientes a salvo. Y si no te sientes a salvo, no te sientes normal. Los blancos no eran normales en Sudáfrica. Yo estaba al corriente de la masacre que se había producido en Sharpeville el año antes de nacer yo y sabía que la policía blanca había disparado a niños, mujeres y hombres negros y que luego había llovido y la lluvia se había llevado la sangre. Para cuando dijo «Vuelve a clase», el señor Sinclair estaba jadeando y sudando y me di cuenta de que no se sentía normal.

Aferrada al cuaderno que tantos problemas me había causado decidí no volver a clase. Me encaminé directamente a la salida del colegio y fui al parque a columpiarme en un neumático colgado de un árbol por una soga. Un cartel pintado con esmalte rojo y clavado en la valla rezaba: «Este parque de juegos es solo para niños europeos. Por orden del Ayuntamiento». El sol me quemaba las rodillas desnudas, así que me cambié al subibaja, que estaba a la sombra, y me quedé allí dos horas.

Cuando llegué a casa cogí una naranja del saco de la alacena y la hice rodar bajo la planta del pie descalzo hasta reblandecerla. Luego le abrí un agujero con el pulgar y chupé el zumo. Seguía sedienta, así que bebí agua de la manguera del patio. Era el momento más caluroso del día y nuestro gato se había tumbado debajo del melocotonero que una vez, milagrosamente, había cubierto la nieve. A las seis mi madre volvió de trabajar y me dijo que tenía que hablar conmigo. Era evidente que la habían llamado del colegio para avisarla de que por la tarde no me había presentado, porque me dijo que pasaría unos meses en casa de mi madrina que vivía en Durban. Después de que me abrazara un buen rato, volví a salir al jardín para decírselo a Maria.

Maria siempre estaba sentada en los escalones de la galería por la noche y bebía leche condensada de una latita que perforaba con el abrelatas. Dijo que estaba vigilando a las gambas de Parktown. Sam y yo habíamos plantado unas semillas de sandía en el jardín, pero Maria nos había advertido que quizá las gambas de Parktown se comieran las sandías verdes antes que nosotros. Nos dijo que la gamba de Parktown en realidad era un grillo rey y atacaba los melocotones demasiado maduros que se caían del árbol. Si tocábamos una se nos subiría de un salto y nos lanzaría un chorro negro a los ojos. Cuando me senté a su lado en las escaleras, me aplicó un poco de vaselina en los labios y me preguntó si en el colegio iba todo bien. Negué con la cabeza y me senté en su regazo, pero yo sabía que Maria estaba cansada y quería beberse la leche dulzona y estar a solas. Dijo que las estrellas brillaban tanto que le permitirían ver si entraban volando gambas de Parktown y en tal caso las espantaría. Luego me dio un puñado de Pinkies que se sacó del bolsillo y me pidió que cuando volviera a casa le contase todo acerca del nuevo periquito de la madrina Dory. Por lo visto el periquito se llamaba Billy Boy. Me gustaba cómo Maria decía «la madrina Dory». ¿Eso se consideraba una frase? Decidí que cuando llegara a Durban no diría Dory, sino la madrina Dory. Aunque no sonaba del todo bien cuando lo decía para mí. De hecho, cada vez que decía «la madrina Dory» en voz alta, esa combinación de palabras me incomodaba… como si caminara con tres chinas en las zapatillas. Por alguna razón no quería quitarme las piedras de las zapatillas.

A finales de semana, una elegante azafata con un diamante enorme en el dedo me acompañó por las escaleras que subían al avión y me dijo que me chupara el dedo en cuanto despegáramos hacia Durban.

—Los diamantes son los mejores amigos de una chica —dijo con un guiño—. Un día, cuando te cases, tu prometido te regalará un pedrusco. —Cuando le titilaba un ojo, el diamante del dedo también titilaba—. Si el avión se estrella, soplaré el silbato, ¿vale?

Sentada sola chupándome el dedo esperé a que sonara el silbato, pero la azafata andaba demasiado ocupada yendo y viniendo por el pasillo para enseñarles a los pasajeros su anillo de compromiso.

Más tarde dijo:

—Mira, eso de ahí es Maputaland, ¿ves los lagos y las marismas? Eso es Rocktail Bay, donde mi novio me pidió en matrimonio. Hay un arrecife de coral. Cerca de Durban. Tienes que pedirle a tu papá que te lleve a la reserva salvaje y te enseñe los leones y los elefantes, ¿vale?

Asentí.

—Eh, ¿no dices nada?

Negué con la cabeza.

—¿Se te ha comido la lengua el gato?

Asentí.

—Eso ha sido el piloto, ¿verdad? Me está llamando. ¡Espero que no se haya soltado un ala!

Me guiñó el ojo y se dirigió a la cabina de mando, donde el piloto se estaba fumando un puro. Era el cumpleaños del piloto y la tripulación le cantaba un himno de rugby:

> *No llevaba ni un trapo encima.*
> *Ni uno ni uno.*
> *No llevaba ni un trapo encima.*

La madrina Dory gobernaba la existencia de Billy Boy como una carcelera.

El periquito no podía volver a su mundo de pájaro porque estaba encerrado en una jaula. Cuando jugaba en la escalerita y el columpio abría las alas y las agitaba rápido, pero no era lo mismo que volar.

—Cierra la ventana o Billy Boy se escapará. Puedes cogerlo si quieres. ¿Quieres?

Asentí.

—Hace más ruido el pájaro que tú.

Cuando cogí a Billy Boy con las manos y hundí la nariz en su suave plumaje, me vino a la cabeza la canción del piloto.

> *No tenía ni una pluma encima.*
> *Ni una ni una.*
> *No tenía ni una pluma encima.*

Pobre Billy Boy. Tan triste bajo las plumas. Sus órganos pequeños y sus huesos pequeños. La madrina Dory me pidió que le contara los dedos todos los meses. Por lo visto, si a un periquito le faltaba un dedo se debía a los ácaros. Y tenía que escucharle la respiración. Si se oía un clic cuando cogía aire significaba que tenía ácaros en las vías respiratorias. La madrina Dory lo sabía todo de los periquitos. Me dijo que era muy importante no apiadarse de un periquito enfermo a la venta en la tienda de animales.

—La pena no va a devolverle la salud a un periquito enfermo. Morirá de problemas respiratorios hagas lo que hagas.

Intenté acallar la pena que me daba Billy Boy por miedo a que esta lo matara, pero no remitía. Me quedaba mirando el serrín del fondo de la jaula y me decía que el periquito estaba sano y feliz, pero no me lo creía. En mi opinión, en la vida de Billy Boy no había florecido ni un solo campo y cualquier esperanza que pudiera albergar había sido devorada por hormigas y un tren había atropellado a sus padres.

Se me había olvidado lo corpulenta que era mi madrina. Cuando me abrazaba, me perdía entre los pliegues de su barriga. Todo se oscurecía y se amortiguaba y oía el agua corriendo por sus tuberías internas. Un rumor como el del mar que había a ocho kilómetros de la casa. El océano Índico. Un mar repleto de tiburones. Los guardacostas de la Milla de Oro, que era como se llamaba la playa, tenían que comprobar las redes de los tiburones cada mañana y anunciar por megafonía si se podía nadar o no. Yo ya había tenido que salir corriendo del agua y esperar en la arena hasta que habían atrapado a un tiburón. Mientras lo estaban capturando leí los carteles de la playa:

CIUDAD DE DURBAN
ZONA DE BAÑO RESERVADA PARA USO EXCLUSIVO
DE LOS MIEMBROS DE LA RAZA BLANCA

Los únicos negros con acceso a la playa eran los vendedores de helados que caminaban descalzos por la arena caliente tañendo una campana y voceando: «Helado de vainilla, helado de chocolate, helado de vainilla». A veces un tiburón arrancaba una pierna a los chicos blancos que salían a hacer surf y se alejaban demasiado sobre la tabla, y mi madrina solía enseñarme sus fotos en la prensa al día siguiente. Decía que a ella le daba más miedo la solitaria que los tiburones. Cuando el gato vomitaba en la alfombra mi madrina levantaba los brazos y chillaba porque podía haber una solitaria entre los vómitos. La criada de nombre Caroline limpiaba mientras la Señora cerraba los ojos y chillaba, tapándose la boca con una mano blanca y blanda. Parecía entonces que una solitaria podría tragarse a un tiburón; el miedo no entendía de tamaños lógicos y, peor aún, el miedo era hermafrodita. Mi madrina me explicó que los largos cuerpos de las solitarias tenían tanto órganos masculinos como femeninos: «Tienen ovarios y testículos, todo mezclado», son «hermafroditas» y, como si no bastase para aterrorizarme: «Todo ser humano al que le guste comer carne cruda debería saber que a la solitaria le gustaría comérselo».

Frente a la casa de Durban, sujeto con alambre a la verja, había un cartel grande:

RESPUESTA ARMADA

Cuando pregunté lo que significaba, mi madrina, que lo sabía todo, me lo explicó con gusto: «Si Los Negros entran por la fuerza en casa a robarnos, mi marido, el venerable Edward Charles William, les disparará, pero no se lo digas a tu madre. Así que, mientras estés con nosotros, ¡no tienes que preocuparte de nada!». Hasta el momento me habían dado a conocer los tiburones, las solitarias y las armas. Y los hermafroditas. Y las orquídeas. «Ven a ver las flores del jardín. Mis orquídeas echan flores pequeñas pero huelen más que las grandes.»

Fue en el jardín de la madrina Dory en la subtropical Durban donde me esperaba un milagro, una alucinación, un espejismo, una especie de dibujo animado. Apoyada en la palmera bajo el cielo azul de Natal, espantándose las moscas de las piernas largas y bronceadas, descansaba una muñeca Barbie viviente. Algo refulgía bajo el sol. Era una letra dorada en forma de M y la M estaba unida a una cadena de oro que lucía alrededor del cuello. Me deslumbró. De algún modo, la madrina Dory se las había apañado para engendrar a una hija rubia y esbelta que parecía de plástico.

—Hola. Soy Melissa. Acabo de volver de un curso de taquigrafía en Pretoria. ¿No piensas saludarme? No estás en la iglesia, puedes levantar la voz.

Justo cuando la Barbie pequeña empezaba a perder su aura y a convertirse en un simple juguete con el pelo de nailon, había aparecido en escena una Barbie viva vestida con una minifalda azul pastel.

—Venga, nena. Siéntate en mi cuarto y charla conmigo.

Melissa tenía diecisiete años, se cardaba el pelo y se pintaba las pestañas con un cepillito que mojaba en un bote de rímel negro.

—¿Es que no hablas? Aaaah. No hace falta. Pero escucha, voy a presentarme a unos exámenes para secretaria. Tengo que aprender taquigrafía, o sea que si hablas rápido podré practicar anotando lo que digas. Es un código que se llama Pitman. —Melissa sacó un bolígrafo y me escribió unos garabatos en el dorso de la mano—. Pone: «Bienvenida a Durbs, coleguita».

Era un honor que me permitieran sentarme en la cama de Melissa y presenciar el modo en que se atusaba el cabello con un peine de plástico hasta que conseguía que se quedara erguido. Bajo la cama había un cenicero de cristal especial. Lo vislumbraba por debajo de los pompones blancos que temblaban por todo el borde del edredón de satén rosa. Melissa fumaba a escondidas y guardaba el cenicero debajo de la cama para ocultarle las colillas a su madre. El mejor momento era cuando tenía que rociar la laca dorada de un fino bote por encima del cardado, mientras Melissa miraba con los ojos semicerrados y las pestañas rígidas de tanto rímel. El dulce vapor químico de la laca era como un analgésico. Yo contemplaba embelesada, sumida en un humilde silencio, cómo se acicalaba Melissa. La idea de que la gente de plástico era la más interesante nació en primer lugar de los ojos azules pintados de la Barbie, luego de los ojos castaños pintados de Maria cada vez que le preguntaba por Thandiwe y, finalmente, del laboratorio adolescente de Melissa. Melissa se estaba inventando, de forma bastante literal. El hecho de que en inglés ponerse carmín y rímel se dijera *make up*, «inventarse», me entusiasmaba. Por todas partes del mundo había gente inventada y la mayoría eran mujeres.

—Hey, pánfila, deja que te peine. Siéntate en mis rodillas y te haré algo chachi.

Con la ayuda de Melissa, mi triste y práctica coleta pronto se transformó en un exótico bucle de trenzas doradas recogidas en la coronilla. Melissa me dijo que parecía una estrella de cine y que solo me faltaban unos diamantes y rubíes para las orejas y una estola al cuello y adornos en las muñecas. Las esmeraldas me quedarían mejor porque tenía los ojos verdes. Cuando tuviera hijas, podría regalárselas porque ya «habrían cumplido su cometido». ¿Cuál era su cometido?

Dijo que yo era una «preciosidad» y que algún día, si me acordaba de limpiarme bien las uñas, un hombre apuesto me cogería la mano y la besaría durante un buen rato. Luego se arrodillaría a mis pies mientras yo le miraría la raya del pelo y me suplicaría que me casara con él. Yo esperaba parecerme a Melissa cuando fuera mayor. También fumaría y sabría garabatear según el método Pitman y conduciría descalza coches veloces con los zapatos de tacón tirados en el asiento trasero para después.

—Nunca conduzcas calzada, coleguita, es lo mejor.

Pero primero de todo tenía que esquivar de puntillas a su padre tuerto y hacerme invisible para él. Edward Charles William tenía un ojo de cristal y uno de verdad. Melissa me contó que de niño alguien le había sacado el ojo izquierdo durante un partido de rugby y ahora tenía uno de cada. El ojo de cristal lanzaba llamas violetas. Prácticamente ardía un incendio en la cuenca ocular. Me fijé una norma: mirar solo al ojo de cristal. No mirar nunca al ojo de verdad. Un ojo de cristal era un ojo ciego y yo no quería que descubriera que él me asustaba. Edward Charles William era un rey. Cuando se sentaba a la cabecera de la mesa con su mujer y su única hija, yo nos veía a todos reflejados en el ojo de cristal, veía incluso al perro gris al que llamaban Rory agitando la cola y jadeando en el ojo de Edward Charles William.

—¡ROOORYYY! ¡Siéntate! ¡Siéntate!

—Paaa-pá. Ays, papá, ¡le has dado un susto de muerte a mi nueva coleguita! No le hagas caso, nena, es un gatito.

Melissa agitó una uña pintada de rosa en dirección a su padre, y le guiñó un ojo mientras le rellenaba la copa de whisky y me mandaba a la cocina a por hielo.

En la cocina me quedé mirando por la ventana mientras los cubitos se me deshacían en las manos. El hielo me recordaba al muñeco de nieve que había hecho con mi padre. Pronto cumpliría ocho años y él todavía no había vuelto a casa. Cuando regresé a la mesa y Edward Charles William se enfadó al ver las pequeñas esquirlas de hielo que llevaba goteando en la mano caliente, Melissa me echó un cable.

—Ays, papá, ¿por qué cuesta tanto encontrar un hielo que no se derrita en tres segundos? ¿Cuál es la explicación científica, papá?

Si yo quería preguntarle algo a mi padre tenía que preguntárselo mentalmente. Cuando Melissa decía «¿Me llevas a pescar?» y su padre respondía «Sí», yo le preguntaba al mío si también me llevaría a pescar. Siempre contestaba con un fantasmal «Pescar es peligroso. ¡Podrías clavarte un anzuelo en el dedo!». O por ejemplo yo decía «Hoy he trepado a la copa de un árbol, papá», y él respondía: «Subirse a los árboles es peligroso. No trepes hasta arriba del todo. Sube solo hasta la mitad, ¡y no mires abajo!».

Yo suponía que Edward Charles William no quería que viviera con ellos en Durban, pero la madrina Dory me dijo que necesitaba «un hogar estable» y que era «lo mínimo que podía hacer» porque mi «pobre pobre» madre y ella habían estudiado juntas en el internado y se turnaban para montar guardia cuando leían libros a medianoche bajo las sábanas con una linterna.

Empecé a fijarme en la manera en que Edward Charles William hablaba inglés, que era el idioma que hablábamos todos. Cuando quería los calcetines le gritaba a un sirviente que se los llevara. Cuando quería una toalla para su ducha vespertina volvía a gritar. No decía las palabras «calcetines» ni «toalla», sencillamente gritaba el nombre del criado. El nombre del criado significaba «Tráeme los calcetines», «Tráeme una toalla».

Cuando tenía los zapatos sucios, el hombre que cuidaba del jardín se los limpiaba. Edward Charles William le llamaba «chico» a pesar de que había tenido cuatro hijos y nueve nietos y peinaba canas. Se llamaba Joseph y llamaba «Amo» a Edward Charles William. El idioma que Edward Charles William hablaba con Joseph era inglés, pero su tono constituía un lenguaje aparte. Para empezar (y yo nunca sabía por dónde empezar), me percataba por el tono de Edward Charles William de que estaba disfrutando demasiado de algo. Oía que Edward Charles William tenía que ser menos feliz. Una idea que me daba risa, y cada vez que me reía me sentía un poco más feliz, lo cual confundía mi nueva idea de que la felicidad no siempre era algo bueno, pero no podía evitarlo.

Un domingo, Joseph me dio la mitad de su pastel con salsa y nos sentamos en la hierba a la sombra porque «la Señora y el Amo» siempre salían en coche los domingos. Fue la primera vez que vi que le faltaban dos dedos de la mano izquierda. Cuando le pregunté qué le había pasado, me respondió que se los había pillado en una puerta. Me enseñó a contar hasta dos en zulú. Uno era *ukunye*, dos era *isibili*. O algo así de sonoro. La idea de que en algún lugar de Sudáfrica hubiera una puerta con los dos dedos de Joseph todavía enganchados comenzó a atormentarme. Más adelante, cuando le conté que mi padre era un preso político, él me confesó que un pastor alemán le había arrancado los dedos cuando la policía entró durante una redada en la casa de su hermano en Jo'burg. Estaban buscando a Nelson Mandela. Cuando le conté que mis padres conocían a Winnie y Nelson Mandela (en CADENA PERPETUA en la cárcel de Robben Island) me ordenó que no se lo dijera nunca a la Señora y el Amo, ni siquiera a Billy Boy. Y de todos modos, se preguntó, rebañando el pastel y la salsa con el pulgar y los dos dedos restantes, qué sentido tenía un pájaro que no ponía huevos. *Amaqanda*. Era la palabra zulú para huevos. Si el pájaro azul de la Señora pusiera un huevo azul, daría para comer un poco.

Cada noche cubrían la jaula de Billy Boy con una manta gris. Yo sabía que mi padre también dormía con una manta gris porque se lo había contado a mi madre en una carta.

—Ven aquí, coleguita, me estás asustando, siempre mirando al periquito de mamá… —Melissa me agarró por la cintura y me levantó de la alfombra–. Y ahora, repite conmigo: SÉ HABLAR ALTO.

—Sé hablar alto.

—MÁS ALTO.

—Sé hablar alto.

—ESO NO ES ALTO. No te bajaré hasta que no grites.

Probé con un gritito. Sonó bastante auténtico y Melissa me bajó.

—Es-cu-cha, cuando sonríes sé que no es de verdad. Sonríeme enseñando todos los dientes. Ah, mucho mejor. Vamos a la ciudad en la nave espacial.

La nave espacial era el coche nuevo de la madrina Dory. La madrina Dory había engordado tanto que ya no cabía en el viejo. A veces la veía de noche en la cocina cogiendo puñados de patatas y carne picada para llevárselos a sus labios de pitiminí. La nave espacial era plateada y brillante y tenía tapicería de cuero color crema inmaculada. ¿Y si los neumáticos del coche nuevo reventaban y la madrina Dory se estrellaba y nadie era capaz de levantarla para llevarla al hospital?

—¿Por qué está tan gorda tu madre?

Melissa se abalanzó sobre mí y me pisó el pie. Después me dio un puñetazo en el hombro.

—No seas maleducada, burra. Mamá es prisionera de su cuerpo. No puede escapar.

—¿Por qué no?

—Se murió, pero volvió convertida en zombi.

—¡No!

—Sabes que Jesús también es un zombi, ¿no? Murió y resucitó.

Melissa agitó las llaves del coche delante de mi cara.

—Pide perdón y te invito a un *bunny chow.*

—¿Qué es un *bunny chow*?

—Es brutal. Pero no le digas a nadie a donde te llevo. Sobre todo a papá. ¿Vale?

—Vale.

—Dilo alto y claro. Las chicas tienen que hablar alto porque de todos modos nadie las escucha.

Si Melissa tenía una vida secreta, yo no esperaba menos de una persona de plástico. La gente de plástico tenía cosas que ocultar y lo que Melissa escondía era que conocía sitios para comer en el centro, donde vivía su novio indio. Este lugar en concreto era una cafetería en un callejón plagado de moscas y basura. Sobras de huesos viejos se acumulaban en el bordillo debajo de un montón de mondas de patatas y zanahorias podridas. Cuando entramos en la cafetería, un indio que estaba leyendo el diario junto a la registradora levantó la vista y gritó: «¡Hey, Lissa! ¿Hora de un *bunny*?». Estaba mascando algo que le había teñido los dientes de naranja. Cuando el hombre gritó «¡Hey, Lissa!», las familias índicas que estaban devorando sus platos de curry con los dedos levantaron la vista a la vez y acto seguido la bajaron. Supuse que la bajaban porque éramos blancas y no debíamos estar allí.

—Gracias, Victor. Y otro para mi coleguita. Es de Jo'burg.

Melissa me condujo a una mesa y dijo: «Siéntate». Me enfureció que me mandara sentar como si fuera un perro desobediente. Melissa tenía algo del tono de su padre, estaba claro. Se le había contagiado el tono del «Amo»; tenía que tomarse una aspirina y quitarse el resfriado sudando. Estornudé. Victor trajo una lata de Fanta y me la abrió mientras yo seguía estornudando.

—Así que de Jo'burg, ¿eh?

—Sí.

—¿Está Ajay? —interrumpió Melissa en su tono nuevo.

Victor señaló con el dedo, también manchado de naranja. Un joven indio acababa de entrar en el local. Llevaba un traje gris brillante y zapatos de piel de serpiente y sonrió al ver a Melissa.

—Voy a por los *bunnies*.

Victor avanzó por el serrín del suelo y al pasar pateó una cajetilla de cigarrillos vacía debajo de una mesa.

Resultó que un *bunny chow* era carne al curry dentro de la corteza de medio pan blanco. Me lo comí con una cuchara sopera y miré a Melissa flirtear con el hijo de Victor. Ajay se encogía de hombros, comentaba algo sobre «el próximo martes» mientras Melissa ponía en blanco sus ojos pintados. Ajay le encendió un cigarrillo y luego se encendió el suyo y los dos dibujaron anillos con el humo. Aquellos anillos eran la cosa más bonita del mundo. A veces se acercaban flotando y justo cuando iban a tocarse se deshacían en el aire. Olía a arroz. Y especias. Los anillos y el arroz y la especias y el espacio entre Ajay, cuyos zapatos estaban hechos de serpiente, y Melissa, cuyas pestañas estaban cargadas de rímel, y el modo en que el meñique de ella rozaba el puño de la camisa de él me pareció un ejemplo de cómo podía ser la vida cuando iba bien.

Cuando Victor regresó a la mesa y se sentó lo estropeó todo, porque se puso a hablar de política. Melissa le contó que mi padre estaba encarcelado debido al apartheid. Victor me contó que su abuelo había llegado de India para trabajar en los campos de caña de azúcar de Natal. Me dijo que cada vez que espolvoreara el pomelo con una cucharadita de azúcar y se me cariaran los dientes, debía recordar que su abuelo había plantado el oro blanco de Sudáfrica... y que le dijera a mi padre que en ese «establecimiento» siempre tendrían un *bunny chow* listo para él. Asentí y fingí interés pero en realidad estaba mirando a Melissa, que cogía la mano de Ajay por debajo de la mesa. Si aquello era amor, era amor prohibido. Hasta yo lo sabía. Todos los de la cafetería lo sabían. La política se había abierto paso hasta los pomelos y las manos agarradas. Estaba harta de política y esperaba con ilusión el día en que pudiera fumarme un cigarrillo y dibujar anillos en el aire con olor a arroz y rozar con mi meñique el puño de la camisa de un hombre guapo.

Cuando llegamos al aparcamiento, Melissa se quitó las sandalias y me pidió que se las sujetara mientras buscaba las llaves del coche. Nunca conducía calzada, era su «especialidad»; sus novios siempre le aguantaban los zapatos contra el pecho mientras ella pisaba con los pies descalzos el acelerador y cantaba éxitos de las Shangri-Las.

—Noooo... ¡Creo que me las he dejado en la cafetería de Victor!

Mientras Melissa rebuscaba frenéticamente en el bolso, eché un vistazo al coche aparcado junto a la nave espacial. Había una niña de mi edad sentada detrás con algo en el regazo. Movía los labios como si hablara con alguien, solo que no había nadie.

—Mira, está hablando sola.

Melissa cruzó descalza por el cemento grasiento y miró al interior del Bentley.

—¿Sabes qué?

—¿Qué?

—¡Está hablando con un conejo!

—¿Con un *bunny chow*?

—No. Con un conejo DE VERDAD.

Era cierto. La niña tenía un conejo blanco en el regazo. Vi las orejas asomando, cosquilleando en la barbilla de la niña. Al mismo tiempo un hombre y una mujer se dirigían hacia el coche, el hombre con las llaves balanceando contra su cadera. En cuanto abrió la portezuela, los labios de la niña dejaron de moverse. La mujer nos vio y se rio, pero involuntariamente.

—Acabamos de llevar el conejo al veterinario. Tiene conjuntivitis.

El marido puso una voz aguda, como la de su mujer, y repitió lo que ella acababa de decir:

—¡TIENE CONJUNTIVITIS! ¡TIENE CONJUNTIVITIS!

Cuando su mujer se sonrojó, volvió a decirlo.

No sonaba para nada como ella. Me pregunté a quién creería que estaba imitando. La voz aguda de su interior no sonaba como mi madre ni Maria ni yo ni Melissa, ni siquiera como la mujer que se suponía que era. Ahí estaba la clave. El hombre sonaba a sí mismo.

—¡AQUÍ ESTÁN!

No se sabía cómo las llaves del coche de Melissa se habían colado en el manual del método Pitman que siempre llevaba consigo.

—¡QUE SE MEJORE EL CONEJITO! —le gritó a la niña.

Pisó el acelerador con el pie descalzo y sacó la nave espacial del aparcamiento.

—¿Qué le estaría diciendo al conejito?

—Ja. Bueno. Es su secreto.

—¿Por qué es secreto?

Melissa se encogió de hombros, con los ojos pintados clavados en la carretera mientras giraba a la derecha hacia un paso elevado de hormigón. Empezó a tronar.

Niños africanos desnudos pedían en los semáforos con las manos tendidas con la palma hacia arriba.

—¿Qué secreto estaba contándole al conejo?

Una lluvia cálida comenzó a azotar las ventanillas del coche.

—Le ha dicho: «¿Por qué mamá y papá no se quieren?».

4

Sabía que sonreír era como los amuletos que algunas chicas se colgaban de las pulseras. Duendecillos y corazoncitos de plata que tintineaban en las muñecas bronceadas para traerles suerte y espantar el mal de ojo. Sonreír era una manera de no dejar entrar a la gente en tu mente, incluso aunque la abrieras al separar los labios. Así que sonreí cuando la madrina Dory me dijo que iba a mandarme a la escuela convento local. Mientras me lo decía sujetaba unas tijeras pequeñas en la mano para recortarle las alas a Billy Boy.

—El plumaje debería estar lustroso y espeso. —Pinchó con un dedo gordezuelo el pecho de Billy Boy—. Aquí está la quilla. Se marca un poco más de lo que debiera. Creo que Billy Boy está demasiado flaco. Esta noche le pondré más pienso que de costumbre.

—¿Qué es una escuela convento?

—Es una escuela donde las maestras son monjas.

—¿Qué es una monja?

—Una monja es una mujer que se ha casado con Jesucristo.

—Ah. La azafata del avión a Durbs iba a casarse. Me enseñó el anillo.

—Pero no se iría a casar con Jesucristo. Probablemente se casará con un tal Henk van de Plais o algo así. Es algo muy, muy distinto.

Tenía la cara pálida como un zombi.

—Un periquito alerta y juguetón es un periquito sano. Billy Boy no está tan animado como siempre.

Cuando terminó de acicalar las plumas de Billy Boy volvió a encerrarlo en la jaula. Me fijé en cómo manipulaba el pequeño pestillo para encerrarlo, a fin de poder manipularlo yo para soltarlo.

—El convento se llama Saint Anne y las monjas son muy buenas maestras. Por favor, llévate al gato y su solitaria lejos de la jaula de Billy Boy.

Cogí al gato y me calenté las manos en el pelaje anaranjado. Sabía que no tenía la solitaria. ¿Tal vez la madrina Dory tuviera una tenia dentro? La cuestión era que estaba hambrienta todo el tiempo, por tanto algo la devoraba por dentro. El gato se había acostumbrado a dormir en mi cuarto. Melissa amenazaba con cortarle una oreja a Ginger si no regresaba a su edredón de satén rosa, pero estaba claro que el animal había decidido arriesgarse. Ginger Era Mío. Cuando Melissa estudiaba en el convento lo odiaba. Ahora que estudiaba un curso de secretariado y bebía Rock Shandies y quedaba con su amiga de Pietermaritzburg en el Three Monkeys o el Wimpy Burger Bar, había dejado de rezar.

—No querrás que las niñas del convento te tengan por un bicho raro, ¿verdad?

—No.

—Pues entonces tienes que hablar alto. Mira, te diré una cosa: vas a ser la única niña de apellido judío de toda la lista. Si te pierdes en los claustros, solo tienes que seguir tu propia nariz.

Melissa se rio hasta que se le corrió por la cara la pintura de los ojos, y yo me reí con ella porque era su coleguita.

Saint Anne era un colegio de provincias para niñas católicas de piel blanca y buena familia. Entre los claustros se alzaba una estatua de la Virgen y el niño, la triste madre con el bebé en brazos. En las calles de Durban la mayoría de las madres africanas cargaban a sus bebés a la espalda, pero si cuidaban de bebés blancos los empujaban en un cochecito. ¿Tendría la Virgen una criada que le cogiera el bebé en brazos? Me preguntaba si mi madre me echaba de menos. Esperaba que sí. Quizá yo fuera una huérfana santa que Dios había mandado a las monjas para que me cuidaran. Me apoyé en un pilar de piedra y contemplé la estatua de yeso de Jesucristo con las manos heridas. Volvió a recordarme a Piet, del colegio de Johannesburgo. ¿Ya se le habría borrado el estigma de yodo?

Por lo visto las monjas habían consagrado su vida a ayudarme a aprender a leer y escribir. Todos los días se arrodillaban a mi lado en clase, moldeando delicadamente letras A, B y C de plastilina con sus manos blancas y suaves. Cuando me pedían que dijera las letras, bajaba la cabeza como haría una huérfana santa y susurraba «a, be, ce», mientras ellas me animaban asintiendo. Me pareció que sería de mala educación decirles que había aprendido a leer y escribir hacía dos años. De hecho, entendía todos los carteles de la Milla de Oro sin necesidad de plastilina.

ZONA DE BAÑO RESERVADA PARA USO EXCLUSIVO
DE LOS MIEMBROS DE LA RAZA BLANCA

Sor Joan me enseñó que el rosario estaba ensartado en grupos de diez cuentas y que las decenas de cuentas se llamaban décadas. Una década eran diez años. ¿Y si mi padre estaba fuera durante una década? ¿Y si me pasaba una década yendo a la zona de baño reservada para los miembros de la raza blanca, pero nunca más volvía a ver a mi padre? Estaría sola con la raza blanca que no era normal. Estaría completamente sola con ellos y a su merced como los surferos a la merced de los ejemplares de Gran Tiburón Blanco que conseguían atravesar las redes de enmalle del mar subtropical.

La monja más vieja me pasó una M.

—M de Melissa —susurré, obediente.

—Sí. ¿Cómo está Melissa?

Ahora sor Joan estaba moldeando una N, que yo ya sabía que iba detrás de la M. Lo sabía más o menos desde los cuatro años.

—Está estudiando para secretaria.

—¿Y le va bien en la escuela técnica?

—Está aprendiendo el método Pitman.

No le conté a sor Joan que a Melissa (Melissa tenía dos S, pero todavía íbamos por la N) le habían prohibido conducir durante un mes. Fue porque había secuestrado la nave espacial para llevar a Ajay a ver a su tío. La última noche, cuando Edward Charles William vio que el coche no estaba a la una y cuarto de la madrugada, mandó a la madrina Dory que me despertara. La madrina Dory me arrastró al salón y Edward Charles William pegó su cara tanto a la mía que me aplastó la nariz.

—¿Sabes dónde está la cara pan?

Negué con la cabeza y miré fijamente al ojo de cristal.

—¿Sale con algún chico?

—No.

—¿Un indio?

—No.

—¡TENGO POR HIJA UNA MALDITA AMANTE DE LOS NEGROS! HAS VENIDO A PARAR A LA CASA IDEAL PARA TI, ¿EH?

—Apártate de la niña —chilló la madrina Dory en tono de súplica—. Déjala en paz. ¿Qué voy a decirle a su pobre madre?

Mientras, Ginger dormía en el sofá con sus suaves patas cruzadas una sobre otra.

Cuando Edward Charles William se tapó el ojo de cristal con la mano, me dio pánico que se le cayera. Se formó una frase en mi cabeza. Recordaba a los carteles de la playa:

OJO DE CRISTAL RESERVADO PARA USO EXCLUSIVO DE MIEMBROS DE LA RAZA BLANCA

Edward Charles William me dijo que iba a llamar a la policía para que localizaran a Melissa. ¿La policía? ¿Los mismos hombres que se habían llevado a mi padre? Cuando la nave espacial enfiló de un volantazo el camino de entrada, Melissa pitó al coche patrulla que había llegado al mismo tiempo que ella, bajó la ventanilla y saludó como si estuviera de vacaciones.

—¡Hey, chicos! No he robado la nave espacial de mi madre, de verdad. Me han secuestrado.

Los policías se rieron, pero en cuanto se marcharon Melissa se puso hecha una furia. Llamó a su padre «nazi de mierda» y me explicó que ahora que no tenía coche le costaría encontrar un lugar donde reunirse con Ajay. Sudáfrica era una mierda, Ginger era una mierda, Rory era una mierda y yo una pánfila del carajo.

—¿Todavía quieres ser una muñequita como el espanto ese de Barbie?

—Sí.

—¿Cómo vas a ser una muñeca y una santa? ¿Sabías que existió una santa llamada Lucía que se arrancó los ojos? Pero seguía viendo cosas porque no dejas de ver cosas hasta que te mueres. Si no puedo ver a Ajay prefiero morirme.

Ahora sor Joan estaba sonriendo a sor Elizabeth, que no se daba cuenta porque estaba ocupada moldeando una O de plastilina. Asentí piadosamente y copié su sonrisa, que era una media sonrisa, como si hubiera decidido que una entera suponía ir demasiado lejos. Me pasó la O. Me recordó a los anillos de amor que hacían Melissa y Ajay con humo, pero dije en voz bastante fuerte:

—O de oliva. Dios tiene una O, igual que Dory.

—Sí. Muy bien. ¿Eres feliz viviendo con la madrina Dory?

¿Feliz? Me miré los espantosos zapatos negros del uniforme. ¿Feliz como una perdiz? Perdiz empezaba por P. Ya veía a sor Elizabeth moldeando la P de plastilina. ¿Quizá las monjas fueran felices moldeando plastilina? ¿Tal vez debieran pasarse el día entero moldeando plastilina mientras yo leía un libro? ¿Sabían que leía libros de verdad, montones, de cabo a rabo? ¿Me tenían, igual que me tenía Melissa, por una tonta? ¿Era feliz? ¿Se suponía que tenía que serlo?

Al rato sor Joan me cogió la mano entre sus santas manos y me preguntó si creía en Dios.

La imagen de Dios que tenía en la cabeza estaba relacionada con el muñeco de nieve que había hecho con mi padre. El muñeco de nieve era Dios. Estaba frío y estaba muerto, pero no paraba de pensar en él. A modo de respuesta, abrí la cartera y le enseñé una carta que mi padre me había enviado a Durban. Se me ocurrió que debería leérsela para que dejáramos de moldear letras de plastilina.

Cariñito:

Me alegro de que las monjas sean tan buenas. Acuérdate de decir lo que piensas en voz alta y no quedártelo dentro.

Besos hasta el cielo.

Con todo mi amor, de tu papá.

Sor Joan me apretó la mano.

—Cuando tu padre te dice que digas lo que piensas en voz alta se refiere a que eleves la voz.

—¿A que eleve la voz a Dios?

Esperé a que respondiera que sí, pero permaneció callada. Fue la primera vez que entendí la expresión «leer entre líneas».

5

Me habían aconsejado que dijera lo que pensaba en voz alta en lugar de quedármelo dentro, pero yo decidí escribirlo. Eran las cinco de la mañana y oía a Rory ladrando a las ranas del estanque. Cogí un bolígrafo y probé a anotar lo que pensaba. Lo que salió del bolígrafo y quedó sobre la página fueron más o menos todas las cosas que no quería saber.

Papá desapareció.

Thandiwe lloró en la bañera.

Piet tenía un agujero en la cabeza.

A Joseph le arrancaron los dedos de un mordisco.

El señor Sinclair me pegó en las piernas.

Las sandías crecieron y yo no estaba.

Maria y mamá están lejos.

Es posible que sor Joan no crea en Dios.

Billy Boy está entre rejas.

Mi principal preocupación era Billy Boy. Solté el bolígrafo y luego abrí la puerta del dormitorio. Tendría que evitar hacer ruido o Edward Charles William podría tomarme por un ladrón y hacer lo que anunciaba el cartel de delante de la casa:

RESPUESTA ARMADA

Me disponía a hacer lo que se leía «entre líneas» de lo que había escrito, es decir, liberar a Billy Boy, de modo que luego cabía la posibilidad de que Edward Charles William hiciera lo que se leía «entre líneas» de las palabras RESPUESTA ARMADA. ¿Las palabras eran solo amenazas o iban en serio? ¿Era verdad que los palos y las piedras eran más peligrosos que las palabras? De todos modos, ¿qué sentido tenía limitarse a anotar las cosas? ¿Qué sentido tenía apuntar COMPRAR MÁS CARAMELOS pero no comprarlos porque escribirlo había sustituido al deseo de comprarlos de verdad?

Entré a hurtadillas en el comedor. En la mesa de madera lustrosa había cuatro cuencos, cuatro cucharas de plata, cuatro tazas, una rejilla para las tostadas vacía y cuatro platos de porcelana. ¿Habría entrado Ricitos de Oro en la cabaña de los osos si hubiera visto un cartel en la puerta que advirtiera RESPUESTA ARMADA?

Pasé junto a la mesa y empujé la puerta que conducía al salón, donde Billy Boy vivía enjaulado. En primer lugar, abrí la ventana que daba al jardín. Luego retiré la manta gris que cubría la jaula. Billy Boy abrió sus ojillos marrones. Eran del mismo color que los de mi padre. Le conté los dedos. Sí, estaban los ocho, o sea que no tenía ácaros. Luego escuché la respiración para asegurarme de que no se oía ningún clic. Por último, le revisé el pico para comprobar que no tuviera los agujeros taponados. Moví el pestillo y abrí la puerta de la jaula.

Billy Boy levantó las alas. Y luego las pegó de nuevo a su cuerpecillo azul. Alzó una pata, la sostuvo en alto y volvió a posarla en la percha. Los pájaros cantaban por todas partes. Me dio la impresión de que por todo Natal los pájaros trinaban con la primera luz del día y alentaban al pájaro azul a escapar y unirse a ellos.

Si yo había descargado todas las ansiedades de mi infancia en la menuda carcasa de Billy Boy, este llevaba mucho peso. Iba muy cargado. Le había otorgado un alma, pero no parecía importarle. Había imaginado toda clase de cosas para Billy Boy, le había confesado todos mis deseos secretos. Le había regalado otra vida, pero él no quería ser libre. Se suponía que era un pájaro, una máquina voladora, pero parecía gustarle la jaula más que la libertad. Todo lo que había imaginado para Billy Boy murió. No supe qué hacer. Traicionada y desolada, empecé a alejarme del pájaro que quería pasar el resto de su vida entre rejas.

Algo pasó. Un aleteo. La taza de plata cayó de la repisa de la chimenea. Una manchita azul. Un círculo azul. El olor a guisantes entrando desde el jardín. Billy Boy salió volando por la ventana justo cuando el gato anaranjado entraba silenciosamente en el salón con la cola en alto.

Fingí que todo era normal durante el desayuno cuando me senté a la mesa con mi nueva familia. Llevaba varios años fingiendo que todo era «normal» y se me daba bastante bien. Edward Charles William masticaba ruidosamente la tostada con mermelada inglesa mientras la madrina Dory servía té de una tetera más pequeña que su pechera. Hoy era el día en que Melissa debía pasar los exámenes para secretaria y se había cardado el pelo varios centímetros más alto de lo habitual para que le diera suerte. Leía el libro de texto del método Pitman mientras bebía un batido a sorbos, que según ella le aportaría la energía necesaria para el examen. Billy Boy probablemente dormía en una hoja de la copa de algún árbol al sol matinal.

Era libre. Billy Boy era libre.

No fue hasta que me estaba abrochando los zapatos del uniforme escolar cuando oí chillar a la madrina Dory. Me demoré más de lo habitual en el tercer agujero de la hebilla, lo probé varias veces antes de decidir que probablemente el segundo me encajaba mejor y empezar otra vez de cero. Para cuando eché a andar, la madrina Dory agitaba las pequeñas manos en el aire y llamaba a BILLY BOY sin parar. La madrina Dory quería saber ciertas cosas. ¿Cómo podía ser que la puerta de la jaula estuviera abierta de par en par? ¿Cómo podía ser que un periquito abriera él solo la jaula? Melissa, que llegaba tarde al examen, corrió a buscar los pañuelos de papel para su madre mientras intentaba ponerse la rebeca blanca.

—No grites a la niña.

—Pero mi pobre periquito no podrá sobrevivir. Seguro que ya está muerto.

—Tienes que entenderlo, mamá.

Melissa estaba buscando su cuaderno con las anotaciones de taquigrafía.

—¿Qué es lo que tengo que entender?

—Que ella cree que el periquito es su padre.

—¿Cómo va a ser Billy Boy otra cosa aparte de un periquito?

Si esa era una pregunta que los seres humanos habían intentado responder desde que comenzaron a pintar animales con pigmentos minerales en las paredes de las cuevas, la madre de Melissa todavía no se había enterado. Cuando Melissa me vio escuchando desde fuera de la puerta del salón me agarró de la corbata del uniforme y me acercó de un tirón a su cara maquillada.

—JODER, IMBÉCIL. ¿Por qué has soltado al pájaro de mamá?

Echó a correr sin darme tiempo a contestar y oí acelerar el motor de la nave especial y los neumáticos chirriando por el sendero de la casa. Obviamente Edward Charles William había permitido a su hija volver a pilotar la nave especial debido al examen. Al cabo de un rato salí al jardín. Joseph tosía dentro del cobertizo. Todas las mañanas desayunaba allí dentro, unas gachas espesas llamadas *mealy meal* que Caroline, la criada que tenía otro nombre, Nkosiphendule, le preparaba en un cuenco de latón. Todavía no había conseguido abrocharme el zapato. Se me resbalaba, de modo que me agaché a intentarlo de nuevo. Costaba muchísimo acertar con la cosita plateada por el agujero. Al rato, Joseph abrió la puerta del cobertizo y me invitó a entrar. Yo todavía llevaba el zapato a medio abrochar y, por tanto, más que andar arrastraba los pies. El cobertizo olía a moho y parafina. Joseph dormía en un colchón en el suelo. Había dos mantas verdes cuidadosamente dobladas sobre una silla. La chaqueta de Joseph colgaba de un gancho en un rincón.

—Me ha dicho la Señora que has perdido a su periquito.

La Señora era la madrina Dory. El Amo era Edward Charles William. A veces Joseph también le llamaba Baas, además de Amo. Amo y Baas y Señora eran la raza blanca y comían arenques ahumados y mermelada para desayunar como el Rey y la Reina de Ingerland.

—Mira.

Joseph señaló la caja de madera puesta del revés a modo de mesa. Encima estaba el cuenco de latón. Billy Boy saltaba por el borde, picoteando las gachas del interior.

—Me lo he encontrado en el tejado y le he dado alojamiento. —Joseph se echó a reír—. Pero todavía no ha puesto ningún huevo azul y no hemos podido compartir una comida. Voy a tapar el cuenco y así le devuelves el pájaro a la Señora.

Cuando llevé a Billy Boy de vuelta, la Señora estaba tumbada en el sofá leyendo un libro titulado *El amor es una palabra que susurras*. La doncella que se fingía Caroline para que la Señora supiera pronunciar su nombre le llevó una bandeja con una tetera y dos galletas de mermelada de fresa en un platito. Los dedos gordezuelos de la Señora se movieron sobre la bandeja y atraparon una de las galletas. La oí morderla y luego masticarla con sus dientes de porcelana. En ese momento Billy Boy trinó. La Señora se sentó y gimió. Tenía los pequeños labios cubiertos de mermelada y migas de galleta en la lengua. Después de volver a meter a Billy Boy en la jaula y cerrarla bien, pasó de largo por mi lado en dirección al teléfono sin pronunciar palabra. La oí pedir con sonora y regia voz que la pusieran con las Aerolíneas Sudafricanas.

Esa tarde, mientras estaba sentada en un banco bajo los claustros contemplando cómo las monjas pegaban en las manos a las niñas que debían ser castigadas por delitos diversos, supe que mi vida estaba a punto de cambiar. Entretanto, observaba la coreografía de pecado y castigo que se desplegaba ante mí, porque lo que fuera que tuviera que cambiar me llevaría a otro lugar. La niña pecadora tendía las manos con las palmas hacia arriba, hacia el cielo. Luego la monja cogía una regla y le atizaba con ella en la palma de la mano, dos golpes, no, tres. Sor Joan estaba ocupada fundiéndole la mano a una extrapecadora llamada Laverne, cuando vi a la madrina Dory cruzando con su paso bamboleante los claustros. El día anterior Laverne me había enseñado la marca roja del cuello que le había dejado un chupetón de su novio. Sí, la había mordido por amor. Sor Joan estaba hablando con mi madrina y me señalaba con la cabeza. Ahora que sabía que había liberado a Billy Boy de su jaula, me purificaría la mano a golpes.

—Ven aquí.

Para mi sorpresa, en lugar de castigarme, sor Joan se agachó y me abrochó el zapato. Había estado enseñándome francés, lo más distinguido que me había pasado en la vida. Me había hablado de las visiones de Jeanne d'Arc y me había enseñado a decir zapato. Entonces me preguntó cómo se decía zapato en francés. Cuando respondí «Une chaussure», se levantó y posó su mano fresca y limpia en mi frente.

—Tu madrina dice que echas de menos tu casa y va a mandarte de vuelta con tu madre. Este es tu último día en el colegio.

Mientras derramaba mis lágrimas sobre su velo sagrado pensaba en cómo sor Joan se había rapado el pelo, al que había llamado hierbajos de ignorancia. Me había aconsejado que dijera en voz alta lo que pensaba, pero en cambio yo había intentado anotarlo. A veces le enseñaba lo que había escrito y siempre encontraba tiempo para leerlo. Me dijo que debería haberle dicho que ya sabía leer y escribir. ¿Por qué no se lo había dicho? Le dije que no lo sabía y me respondió que no debería tenerle miedo a algo «trascendental» como leer y escribir. Razón no le faltaba, porque a una parte de mí le daba miedo el poder de escribir. Trascendental significaba «más allá» y, si podía escribir «más allá», significara eso lo que significara, podría escarparme a un lugar mejor que donde estaba. Me había mordido el amor por sor Joan. Ella me había explicado que la fe no era una roca. Dios un día estaba y al siguiente había desaparecido. Si era verdad, sentía mucha lástima por ella todos los días en que perdía a Dios. Busqué las palabras francesas para despedirse y cuando las encontré, «Au revoir, sœur Jeanne», caí en la cuenta de que se llamaba igual que Juana de Arco. Mi desconcertada madrina, que no tenía ni idea de lo que pasaba, abrió el bolso y sacó un trozo de papel.

—Melissa me ha pedido que te dé esto.

Era una nota en código Pitman.

«Adiós, coleguita guapa.»

6

¡Faltan dos días! ¡Papá vuelve a casa!

Yo tenía nueve años y Sam cinco. La última vez que Sam había visto a su padre tenía un año. Desayunamos tostadas espolvoreadas con canela y azúcar y practicamos en voz alta las cosas que le diríamos a nuestro padre cuando cruzara la puerta.

«Hola. ¿Quieres que te enseñe dónde está el lavabo?»

«¡Hola! Te he dibujado un cohete.»

«¡Hola! Ahora calzo un treinta y cinco.»

Entretanto, mamá había salido a comprarle ropa a mi padre para cuando llegara a casa. Noté cómo se me encogía el corazón cuando la extendió cuidadosamente en el suelo y nos llamó para que echáramos un vistazo. Sobre el kilim había unos pantalones de hombre, un par de elegantes zapatos nuevos, calcetines, dos camisas y tres corbatas de vivos colores. Sam y yo acariciamos el algodón de las camisas, apretamos la puntera de los zapatos de cuero con el pulgar, colocamos mejor los calcetines. Sí, era la clase de ropa que vestían los padres. Hablamos largo y tendido sobre el tipo de comida que deberíamos ofrecerle a mi padre para el primer almuerzo y mamá nos pidió que intentáramos no mostrarnos demasiado tímidos y que fuéramos nosotros mismos. Asentimos con gesto grave y nos fuimos a practicar ser nosotros mismos.

Cuando Sam fue al parque recogió un puñado de colillas, restos de cigarrillos tirados en la hierba. Se los guardó en el bolsillo hasta llegar a casa y luego los metió en un bote de cristal. Estaba convencido de que a todos los papás les gustaban las colillas. Maria se puso su mejor vestido, el mismo que se ponía cuando iba a su casa, donde vivían sus hijos de verdad. Pero antes de ponerse los zapatos, se sentó y me pidió que le frotara vaselina en la piel reseca de los talones.

—¿Sabes qué han encontrado en el lago del zoo?

—¿Qué?

—Una cabeza humana. Ponme vaselina también en esta pierna.

—¿Una cabeza de niño?

—No. Una cabeza de hombre.

—¿Es de mi padre?

—No. Tu padre está de camino a casa.

Sabía que mi padre llegaría en coche con mi madre desde la Prisión Central de Pretoria. Pero no estaba segura de qué aspecto tendría. Para cerciorarme de que lo reconocería, sostenía en el regazo una fotografía en blanco y negro que mi madre había colgado junto al teléfono del lúgubre pasillo. La fotografía que durante cerca de cinco años había representado al padre que me mandaba todo su amor en cartas y mensajes. Besos y abrazos, xxxxx ooooo, escritos a bolígrafo en el papel de notas de la prisión. Sam y yo nos subimos a los pilares de piedra de la entrada de casa y no solté la foto, que miraba de vez en cuando solo para asegurarme. Los pilares medían casi dos metros y daban directos a la carretera. Nos habíamos lavado las manos con una pastilla nueva de Lux.

Por alguna razón, estaba convencida de que mi padre volvería a casa en un coche blanco. El mismo coche que se lo había llevado. De modo que con cada coche blanco me daba un vuelco el corazón bajo las margaritas blancas bordadas al vestido. El pánico ante la posibilidad de que mi padre no apareciera lo ralentizaba todo. Las nubes se movían despacio por el cielo. La gente caminaba despacio por las aceras. Los perros ladraban despacio.

Un pequeño coche rojo giró a la izquierda por el campo de golf y viró bruscamente. Tensé los dedos dentro de los zapatos de charol reluciente y esperé. Se abrió la portezuela y un hombre se bajó de un salto y corrió hacia nosotros. Ni siquiera esperó a que parara el coche. Sabíamos quién era y no me molesté en consultar la foto del regazo. Nos costó un poco bajar de aquellos pilares tan altos. Papá nos estaba esperando, pero no conseguíamos bajar. Éramos un montón de piernas y brazos tratando de deslizarnos, y el hombre que era nuestro padre nos agarró por las piernas y luego nos aupó en brazos. Llevaba la camisa que habíamos admirado cuando mamá la expuso en el salón.

Papá nos abrazó y no supimos qué decir. Y luego volvió a abrazarnos y nos dejó en el suelo donde el musgo crecía entre las grietas. Cruzamos la verja y entramos en la cocina. Maria lo abrazó al verlo y oí a mi padre pronunciar la palabra «Thandiwe». Mamá sirvió tres vasos de vino, uno para papá, uno para Maria y uno para ella. Alzaron los vasos y todos miramos a mi padre. Él dio un pequeño sorbo, se detuvo y dejó el vaso.

—Hacía cinco años que no veía un vaso.

Mi padre estaba flaco y pálido. Se sentó a la mesa y dio otro sorbo al vino. Y luego cogió un plato y recorrió el borde con el dedo.

—Se me había olvidado el tacto de la porcelana. Tendré que aprender otra vez a coger una taza y usar el tenedor.

Dejó el plato de porcelana blanca que había estado examinando durante al menos cinco minutos y se puso en pie.

—¿Y el jardín? —Ladeó la cabeza y me sonrió—. Quiero ver el muñeco de nieve.

En el jardín no había ningún muñeco de nieve. Sam se enroscó la punta del mantel nuevo de hilo blanco alrededor de su pequeña muñeca y miró al suelo. Mamá intentó espantar una mosca de la ventana con el dorso de un sobre.

—Acompaña a tu padre al jardín.

Maria me animó con un ademán.

Mi padre está de pie en el jardín. Tiene la cara gris pálido como la nieve sucia. Solo mueve los ojos. Los brazos cuelgan rígidos a los costados. Papá está de vuelta, tan quieto y callado, de pie en el jardín. Parece que le han hecho daño. Muy adentro.

—El gato se ha muerto mientras no estabas, papá.

Me aprieta la mano con los dedos fríos.

—Qué maravilla que vuelvan a llamarme papá.

Al cabo de dos meses partimos de Sudáfrica rumbo al Reino Unido. Cuando el barco zarpó de los muelles de Port Elizabeth en la provincia del Cabo Oriental, los pasajeros recibimos unos rollos de papel higiénico para que los desenrolláramos desde lo alto de la cubierta. El extremo opuesto lo sujetaban los amigos y familiares que nos decían adiós desde tierra. Mientras el barco enfilaba hacia el mar, Melissa, que había venido a despedirme, agarraba la otra punta de mi rollo de papel. La veía saltando y gritando, pero no la oía. Sus palabras se perdían en el viento, ahogadas por el rugido de los remolcadores que empujaban el barco hacia Inglaterra. Melissa fue la primera persona que me animó a alzar la voz. Con sus ojos azules pintados y su cardado rubio casi tan alto como yo, era valiente y enérgica y sabía sacarle partido a la vida. No alcanzaba a oírla, pero sabía que sus palabras tenían que ver con decir las cosas en voz alta, admitir las cosas que deseaba, estar en el mundo y no dejarme vencer por él.

Me gustaría olvidar la imagen de la grúa del barco en el muelle de Southampton cuando levantó hacia el cielo los tres cajones de madera que contenían todas las pertenencias de mi familia. Solo hay un recuerdo que quisiera conservar. El de Maria, que también es Zama, sorbiendo leche condensada en los escalones del porche por la noche. Las noches africanas eran cálidas. Las estrellas, brillantes. Yo quería a Maria pero no estoy segura de que ella me quisiera. La política y la pobreza la habían separado de sus hijos y estaba exhausta por culpa de los niños blancos a su cargo, por culpa de todos y todo lo que tenía a su cargo. Al final del día, lejos de la gente que le robaba la energía vital y la dejaba agotada, había encontrado un lugar donde descansar, momentáneamente, de los mitos sobre su personaje y su propósito en la vida.

No quiero saber nada del resto de mis recuerdos de Sudáfrica. Cuando llegué al Reino Unido, lo que quería eran recuerdos nuevos.

3

PURO EGOÍSMO

En el Reino Unido los bares de comidas también se llaman «cafeterías de obreros», a las que en el sur se alude coloquialmente con el nombre de *caff*. […] La cafetería de obreros típica sirve principalmente platos a la plancha o frituras, como huevos fritos, beicon, morcilla, col con patatas, salchichas, champiñones y patatas fritas. A menudo se acompañan de judías.

Wikipedia

INGLATERRA, 1974

Cuando tenía quince años llevaba un sombrero de paja negro con agujeros cuadrados en el ala y escribía en servilletas de papel en la cafetería de la estación de autobuses. Tenía la vaga idea de que los escritores debían comportarse así porque había leído libros sobre poetas y filósofos que tomaban expresos en cafeterías francesas mientras escribían sobre lo infelices que eran. En el Reino Unido por aquella época no abundaban ese tipo de cafés franceses; en West Finchely, desde luego, no. En 1974 los mineros estaban en huelga, el gobierno conservador había reducido la semana laboral de cinco días a tres para ahorrar electricidad, China había regalado dos pandas blancos y negros (Ching-Ching y Chia-Chia) al pueblo británico... y yo planeaba mi escapada matinal del sábado a aquel bar de trabajadores con la meticulosidad de un atraco a un banco. Planes que casi se van al garete por un enjambre de abejas suicidas. Un tarro de miel —sin tapa, por supuesto, en nuestra casa nada tenía tapa— había desafiado todas las leyes de la gravedad al caer de su sitio en el estante de encima de la lavadora y colarse dentro de esta. Ahora el tambor de acero inoxidable no solo goteaba miel, sino que además estaba infestado de abejas delirantes y saciadas que habían volado desde su nido de fuera de la ventana hasta el interior de la lavadora.

Mi tarea familiar extra (los sábados todos teníamos tareas asignadas) consistía en retirar la miel y las abejas del tambor con una cucharita y deshacerme de los cadáveres. Mientras estaba a cuatro patas con la cabeza metida en la lavadora, pensé que así era como terminaban con su vida las poetas suicidas, solo que ellas metían la cabeza en el horno de gas. Había algo humillante y religioso en arrodillarse a retirar las abejas, pero no conseguía reunir la energía para concretar la razón por la que me dolía demasiado. Al menos cinco de las abejas habían sacado fuerzas de flaqueza antes de morir para picarme en la mano y nadie se compadecía de mí. Mi madre dijo «Sí, las abejas pican», y me aconsejó que metiera la mano en agua fría. Después lo pensó mejor y añadió: «En Rusia se frotan las articulaciones con veneno de abeja para aliviar la artritis». Intenté sobornar a mi hermano pequeño Sam para que terminara el trabajo por mí, pero estaba demasiado ocupado moldeándose un tupé de teddy-boy con el secador. «Las abejas tienen muchos ojos —gritó por encima del zumbido del secador de mamá—, unos seis cada una.» Los dos habíamos visto un programa de la tele donde enseñaron un plano corto de una abeja, que por lo visto era una «mutualista clave» porque polinizaba los frutos cargados de simiente de las comunidades del desierto. La voz en off explicó que las abejas de la miel eran el insecto más evolucionado y que una colonia fuerte volaba a diario el equivalente a la distancia hasta la luna. Después se veían unos hombres en un campo ahumando las abejas de una colmena. ¿Qué se suponía que debía hacer yo? ¿Incendiar la lavadora? Desesperada por escapar de mi vida lo antes posible, había probado a encajar tres varillas de incienso en los agujeros del tambor y encenderlas. Pensaba que el humo expulsaría a las mutualistas clave sin necesidad de palearlas con la cucharilla del té. Pero sabía que eran la forma de vida más evolucionada entre los insectos y no se inmutaron. Lo único que pasó fue que la ceniza de las varillas cayó en la miel y tuve que recoger las varillas calientes y la ceniza además de las abejas que, a todas luces, estaban en el paraíso. No las culpé por no querer irse porque entendía que desde su punto de vista una lavadora llena de miel tenía más atractivo que el barrio gris donde estaba malgastando mi vida: una comunidad del desierto sin la ventaja del sol y los frutos cargados de simiente.

A las diez, cuando las cuatro últimas abejas hedonistas, henchidas y ebrias habían terminado envueltas en la sección deportiva del *Times* y en la basura, agarré el sombrero de paja negro y me despedí de mi madre para que me viera los dedos hinchados y la carcomiera el remordimiento.

—Tienes que limpiar el horno. Es tu segunda tarea.

Intenté mirarla con indiferencia, pero me dolían los ojos. El esfuerzo que requería aparentar indolencia y flema me agotaba. Bajé las escaleras tropezándome con las perneras acampanadas de los vaqueros, di un portazo usando la mano derecha, que estaba roja y caliente por las picaduras, e intenté echar a correr con mis zapatos nuevos de plataforma color lima. Al pasar por delante del restaurante chino de comida para llevar llamado HOLY y la tintorería llamada REUBANS, una pensionista que serpenteaba por la acera arrastrando una maleta de plástico beige me dijo:

—Me gusta ese sombrero tan gracioso.

Era urgentísimo escapar de mi vida.

Dentro del bar de comidas, con los cristales empañados y el ambiente cargado de humo, la sensación de urgencia se aceleró. Me quedaba muy poco tiempo. ¿Tiempo para qué? No lo sabía, pero estaba convencida de que me esperaba otra clase de vida y tenía que dilucidar de qué se trataba antes de limpiar el horno. Me apresuré a pedir huevos, judías, beicon y col con patatas, y luego, al ver que no me llegaba para judías y col con patatas, renuncié a las judías. Con la taza de té hirviendo en la mano sin picaduras, me abrí paso entre obreros de la construcción y conductores de autobús hacia una mesa de formica para dar comienzo a mi interpretación de la vida de una escritora. En cuanto me senté, cogí las servilletas de papel blancas del vaso que había junto a la sal, la pimienta, el kétchup y la salsa agridulce, y me puse a escribir con un bolígrafo azul que babeaba. He aquí la palabra que escribí en la servilleta:

INGLATERRA

«Inglaterra» era una palabra emocionante para escribirla. Mi madre me había explicado que estábamos exiliados y que algún día regresaríamos a mi país de nacimiento. La idea de estar viviendo en el Exilio en lugar de en Inglaterra me aterraba. Cuando le conté a mi nueva amiga Judy (que había nacido en Lewisham) que no quería vivir en el Exilio, me respondió: «Sí, yo también me cagaría de miedo». Judy quería parecerse a Liza Minnelli en la película *Cabaret* y Liza era americana. El padre de Judy era estibador y no podía ser más inglés. Había muerto de cáncer, por algo relacionado con el amianto en el cargamento que descargaba en el puerto, aunque Judy no sabía bien la historia. Los fines de semana le pintaba las uñas con un resplandeciente esmalte de color verde esmeralda para transformarla en Liza, y que no tuviera que ser siempre la Judy cuyo padre había muerto en Inglaterra cuando ella tenía doce años.

Había algunas cosas de Inglaterra que no terminaba de entender. Una de esas cosas incomprensibles ocurría justo aquí, en la cafetería. La cocinera del bar, que se llamaba Angie, siempre me servía un beicon que parecía crudo. Era como si lo pasara por la plancha para calentarlo pero sin cocinarlo. A mí me incomodaba mucho porque la loncha rosa pálido del plato me recordaba al cerdo del que la habían cortado. En algún lugar de Inglaterra había un cerdo todavía con vida que corría por ahí con un trozo de menos en el costado. No me parecía que pudiera pedirle a Angie que cocinara más el beicon porque no vivía en Inglaterra —vivía en el Exilio— y entendía que así era como lo hacían en mi país de acogida.

«No puedo desencajarme porque nunca he encajado.»

Era una frase que había escrito mi héroe de adolescencia, o unas palabras que significaban algo similar, el hombre cuya mirada indiferente yo practicaba frente al espejo. Creía que cada vez que Andy Warhola pintaba una lata de sopa estadounidense era una forma que tenía de escapar de las llanuras parduzcas de Europa del Este donde habían nacido sus padres. Cada bote de sopa de almejas lo acercaba a Nueva York y lo alejaba de la vida en el Exilio con su madre en Pittsburgh. Las palabras de Andy eran como una oración que rezaba cada noche antes de acostarme y que ahora, sentada en la cafetería amontonando servilletas donde escribir «Inglaterra», me rondaban por la cabeza. Mientras me bebía la taza de té y observaba las llegadas y salidas de los autobuses rojos londinenses, pensé en su colección de pelucas. Por lo visto las guardaba en cajas en la Factory de Nueva York y se las sujetaba con pegamento a la cabeza. Andy me interesaba porque yo también me disfrazaba un poco. Judy en realidad no iba disfrazada de Liza (iba al Wimpy en pantalones cortos de terciopelo y medias de rejilla). Todos sabían lo que perseguía porque también habían visto *Cabaret*, pero en mi caso yo no sabía realmente qué perseguía, sobre todo porque Andy era un hombre. Judy me aconsejó que me concentrara en David Bowie, el hombre de las estrellas oriundo de Beckenham, muy cerca de Lewisham, pero que ahora vivía exiliado en el planeta Marte.

Los ingleses eran amables. Me llamaban cariño y pequeña y se disculpaban cuando me chocaba con ellos. Era torpe porque iba por Inglaterra como una sonámbula y a los ingleses no les molestaba porque ellos también caminaban como sonámbulos por Inglaterra. Suponía que era porque en invierno oscurecía enseguida. Era como si alguien desenchufara la luz de Inglaterra a las cuatro de la tarde. Lo más curioso de todo era cuando Joan, la vecina de al lado, ataba a su perra al anuncio de helados Wall's de delante del colmado y le hablaba como si el animal pudiera responderle.

—Holly, saluda a la chica.

Siempre seguía un silencio incómodo. Pero Joan no se sentía incómoda. Incluso si la perra se limitaba a rascarse la oreja o mirar un chicle pegado en la acera, ella siempre encontraba una excusa por la que Holly no había hablado.

—Ay, hoy tiene el día raro, ¿a que sí?

InglATERRA

iNGLATERRA

INglaterra

Además de variantes de Inglaterra también escribía frases muy rápidas en las servilletas de papel blancas. Dicha acción (garabatear) así como el atuendo (el sombrero de paja negro) equivalían a ir armada con un AK-47: el tipo del fusil que la prensa siempre mostraba en manos de los niños del tercer mundo en lugar de un helado con una galleta de barquillo clavada en medio. En cuanto a los obreros que tenía sentados al lado, era como si no estuviera. Me había labrado una categoría distinta escribiendo y no se sentían cómodos dándome conservación o pidiéndome la sal. Quedaba fuera.

Escribir hacía que me considerase más sabia de lo que era. Sabia y triste. Así pensaba que debían ser los escritores. De todos modos, estaba triste, mucho más de lo que mostraban las frases que escribía. Era una chica triste que interpretaba a una chica triste. Mis padres acababan de separarse. Parte de la ropa de mi padre seguía en el armario (chaqueta, zapatos, una percha llena de corbatas) pero sus libros habían desaparecido de las estanterías. Lo peor de todo: había dejado la triste brocha de afeitar y las pastillas para la migraña en el armario del lavabo. El amor entre mamá y papá se había torcido en Inglaterra. Sam lo sabía y yo lo sabía, pero no podíamos hacer nada. Cuando el amor se tuerce, en lugar de ver las cosas de cara las vemos del revés. Nuestros padres alejándose uno del otro. Abriendo espacios solitarios, separados incluso cuando estaban sentados a la mesa familiar. Los dos con la mirada perdida a media distancia. Cuando el amor se tuerce se tuerce todo. Se tuerce lo bastante como para que mi padre llamase a la puerta de mi dormitorio y me dijera que se iba a vivir a otra parte. Llevaba su traje inglés y se le veía destrozado, como la calle de fuera.

Cuando Angie me trajo el desayuno inglés a la mesa, se demoró demasiado rato y demasiado cerca, fingiendo que colocaba bien el bote de salsa agridulce. Yo sabía que quería preguntarme de dónde era porque se había fijado en que me despertaban la curiosidad cosas que para ella eran normales. Los autobuses rojos de dos plantas. Los hombres fumándose un n.º 6 después de atacar los platos de judías y patatas fritas. El hecho de que pidiera salsa de tomate en lugar de kétchup y llamara discos a los semáforos y diera las *grasias* en lugar de las gracias. Angie me había servido las judías a pesar de que había anulado el pedido. Era increíble lo amables que eran los ingleses. Adoraba mi nuevo país y quería formar parte de él y ser tan inglesa como Angie, aunque sospechaba que tal vez Angie no fuera inglesa del todo porque la había oído hablar italiano con el propietario de la cafetería.

Me alegró mucho que me trajera las judías. Pinché una con el tenedor mientras garabateaba en las servilletas. La idea de volver a una casa en la que ya no estaba mi padre se me hacía insoportable. Conté las judías del plato. Afortunadamente había una veintena, lo que me daría tiempo para pensar en cómo llegar a mi otra vida. Probablemente los escritores existencialistas que en mi opinión podrían darme alguna pista —siempre confundía las letras del apellido de Jean-Paul Sartre y lo convertía en Jean-Paul Stare— no tenían que limpiar hornos con maléficos estropajos Brillo.

Eran maléficos porque no eran simples cuadrados de material rasposo con detergente rosa impregnado en un trozo de fieltro en un extremo. En mi opinión, estaban diseñados para desperdiciar la vida de chicas y mujeres. Una idea que me desesperó hasta el extremo de pedir una tostada extra solo para calmar semejante injusticia. Jean-Paul Stare era francés. Andy Warhol era medio checo pero absolutamente americano igual que Liza Minnelli, que como Angie tal vez fuera medio italiana y todo lo demás. Anoté parte de todo lo demás en las servilletas con el bolígrafo babeante y me llevó un buen rato. Cuando levanté la vista los obreros de la construcción y los conductores de autobús habían vuelto al trabajo y Angie me pedía que le pagara la tostada extra. Ni siquiera me había dado cuenta de que me la había servido y todavía me quedaban quince judías. Peor aún, estaba mirando descaradamente las servilletas de mi mano derecha, garabateadas con la palabra INGLATERRA en boli.

—¿Te las aguanto?

No quería que Angie me sujetara las servilletas porque formaban parte de mi vida secreta y además iban a ser mi primera novela aunque solo contuvieran la palabra INGLATERRA a boli y algunas frases y palabras sueltas. Angie observó cómo buscaba monedas en el bolso sin dejar de agarrar las servilletas, como si pudiera pasar algo terrible si las soltaba. Ella tenía tres dientes completamente cariados, del color de las bolsas humeantes de té que pescaba de la tetera industrial con una cuchara.

—¿Qué te ha pasado en la mano?

—Me han picado unas abejas.

Angie arrugó la nariz en señal de solidaridad y remedó un gesto de dolor con los labios, mucho más de lo que había hecho mi madre.

—¿Dónde estaban las abejas?

—En la lavadora.

—Ah.

Esta vez miró hacia el techo manchado de nicotina.

—El pote de la miel se cayó en la lavadora y las abejas entraron volando de la calle.

—Ya.

Sonrió. Y luego preguntó lo que yo sabía que quería preguntarme desde el momento en que pisé la cafetería.

—¿De dónde eres?

Ahora que tenía quince años, Sudáfrica era la parte de mi vida en la que intentaba no pensar. Cada nuevo día en Inglaterra era una oportunidad para practicar ser feliz y enseñar a nadar a mis nuevos amigos. Estaba segura de que si el Ayuntamiento llenase la piscina de té, toda Inglaterra sumergiría contenta la cabeza. Pronto se convertirían en campeones de natación y ganarían medallas de oro a gogó.

—Y bien, ¿de dónde eres?

Angie repitió la pregunta por si no la había entendido la primera vez.

—No lo sé.

—No sabes gran cosa, ¿no?

Decidí que lo mejor era darle la razón.

Al salir de la cafetería con las servilletas de Inglaterra en la mano sentí frío, y sabía que la calefacción central de casa no funcionaba. Hacía dos días, el hombre que había venido a arreglarla había dicho «Doy oficialmente por difunta esta caldera. Según la ley, tienen que comprar una nueva», y luego guiñó un ojo y volvió a encenderla y nos dijo que lo llamáramos si volvía a hacer el tonto… cosa que ocurrió, a las dos horas de que el lampista dejara la casa en que mi madre le había servido un té en una taza decorada con la palabra *Amandla!* Mamá le explicó: «*Amandla* significa FUERZA en zulú». El hombre de la caldera replicó: «Bueno, a esta caldera debería quedarle fuerza para unos cuantos años más».

Cuando llegué al restaurante chino llamado HOLY, pegué la mejilla al escaparate y esperé a que mi vida cambiara. Había una bolsa grande de judías apoyada delante del local, que tenía un cartel en la puerta anunciando que estaba cerrado.

Una china, también de unos quince años, abrió la puerta y levantó la bolsa de judías del suelo.

—No abrimos hasta las seis —gritó.

Me quedé mirando sus vaqueros, que tenían bajos acampanados cosidos a mano. La camiseta «I Love NY» le llegaba justo por encima del ombligo y llevaba zapatos de tacón de aguja blancos. Ella se quedó mirando mi sombrero de paja negro y luego bajó la vista hacia los zapatos de plataforma verde lima de los que tan orgullosa me sentía y que yo creía que me ayudarían a escapar de Finchley, incluso aunque por el momento se limitaran a ofrecerme una perspectiva diferente de las cosas. La llamó una voz de mujer, que le gritó varias órdenes. Como yo, la chica tenía tareas que cumplir.

Cuando llegué a casa (West Finchley), estaba desesperada. ¿Cómo iba a escaparme de vivir en el Exilio? Quería exiliarme del exilio. Para empeorarlo aún más, Sam estaba tirado en el sofá del salón aporreando un tambor encajado entre las rodillas. Al verme, dejó de tocar tres segundos y empezó a hacer comentarios profundos.

—¿Sabías que las patas de pollo también se llaman baquetas?

—¿Sí?

—Jaaaa, jaaa, jaaaa, jaaaaa.

Estaba loco. Yo también me eché a reír. Y luego me mandó callar porque nuestro au pair estaba en la habitación de al lado y tenía «el día raro».

Dos meses después de que papá abandonara nuestra primera casa inglesa como es debido en West Finchley, nuestra madre anunció que contrataría a un au pair para que «defendiera el fuerte» mientras ella trabajaba. Sam y yo esperábamos a una sueca joven y guapa con una coleta rubia. En cambio, cuando el au pair se presentó en la puerta, llevaba un grueso libro titulado *La Sexta Sesión Plenaria del Sexto Comité Central del Partido Comunista Chino de 1938*. Estaba quedándose calvo, tenía tripa cervecera, mal genio y explicaba siempre que se llamaba «Farid con F». No logramos descubrir por qué se molestaba en especificar la F y ni siquiera nos preguntó cómo nos llamábamos, se limitaba a dar órdenes. Farid nos contó que estaba escribiendo la tesis y que debíamos prepararle un baño regularmente, también que le gustaba el té con una rodaja de limón y tres azucarillos. Le horrorizaban hasta tal punto los niveles de higiene de nuestra casa que cuando regresaba de la London School of Economics se encerraba en su cuarto y prefería engullir tres bolsas de pistachos a cocinar en nuestra cocina.

Farid no entendía por qué en la cocina nada tenía tapa. Nosotros tampoco. Incluso un bote de yogur recién comprado, que nadie había empezado porque el papel de aluminio estaba intacto, estaba al lado del fregadero sin tapa. Alguien de la familia se la había quitado porque sí. La única vez que Farid fregó el suelo de la cocina, plantó los pies descalzos sobre una bayeta mojada y se paseó por el linóleo encogiendo los dedos, asqueado de toparse con huesos de pollo y tapones de botes de kétchup y gritando que su madre, que vivía en El Cairo, jamás habría permitido que la casa estuviera en semejante estado.

Nosotros estábamos en secreto de acuerdo con Farid y deseábamos poder irnos todos a vivir a El Cairo. Sí, nos encerraríamos en unos cuartos limpios y bonitos y tiraríamos la llave y contemplaríamos las pirámides desde la ventana y esperaríamos a que alguien nos llevara bocadillos, que era lo que hacíamos para Farid, que regularmente nos recordaba que no le gustaba la mantequilla de cacahuete porque le sentaba como una patada en el estómago. Pero hoy, sábado, nuestro nuevo au pair estaba fuera de sí. Cuando Sam empezó a tocar el tambor otra vez, Farid irrumpió en el salón, furioso, gordo y tembloroso.

¿Es que no habíamos entendido que estaba en su cuarto intentando ESCRIBIR? ¿Es que no entendíamos que tenía que terminar la disertación sobre Karl Marx para el lunes por la mañana? ¿Acaso no entendíamos el significado de la palabra «doctorado», cómo daría de comer a su hijita pequeña y le pagaría una buena escuela? El au pair estaba sudoroso y rojo como un tomate. Lo rodeaban pósteres de negras sudafricanas manifestándose contra las leyes de pases: «SI GOLPEAS A UNA MUJER GOLPEAS CONTRA UNA ROCA», escrito en el centro en airadas mayúsculas. Al lado había un óleo de una africana con una caja en la cabeza caminando descalza junto a un hombre en bicicleta, dos figuras adentrándose en el cielo y el polvo. En la alfombra había tres tapas lanzadas al azar. Kétchup, Marmite, Branston Pickle.

—¿POR QUÉ NUNCA TAPÁIS NADA, NINIOS?

(Farid siempre decía *ninios* en lugar de *niños*.)

Había dado en el clavo. Aunque nunca lo hablábamos, para nosotros suponía un misterio. En secreto queríamos vivir en una casa donde todo tuviera puesta la tapa. No pasaba un día sin que descubriéramos con tristeza otro bote u otro tarro destapado en algún estante. Nunca pedíamos al otro que volviera a taparlo porque sospechábamos que nosotros seríamos incapaces de hacerlo. Tal vez la costumbre de dejarlo todo destapado comenzara tras la marcha de papá, pero en realidad no nos acordábamos y de todos modos no queríamos pensar en ello. Mientras Sam tamborileaba como un energúmeno, con la mirada brillante clavada en la pared de enfrente del sofá, le pregunté a Farid si sabía dónde estaba mi madre. Farid siempre sabía dónde estaba mamá porque ella era la base de su sustento. De hecho, nuestra madre era tan simpática con Farid que empezábamos a tenerle celos.

—Vuestra pobre madre —gruñó Farid— ha salido a hacer la compra.

—COM-PRAR, COM-PRAR, COM-PRAR —cantó una y otra vez Sam, riéndose y tamborileando al mismo tiempo.

Farid corrió hacia Sam y le arrancó el tambor de las manos. Y luego agarró la baqueta de bambú y le atizó en la pierna con ella. Por encima de la cabeza de Farid un póster por la paz mundial mostraba a tres niños jugando alegremente en el campo con una pelota, un yoyó y una raqueta de bádminton. Farid dobló las gordas rodillas para golpear más fuerte. A veces fallaba y le daba a la pared.

—¿NO ENTENDÉIS LO QUE ES SER EXTRANJERO EN VUESTRO PAÍS?

El comentario de Farid me provocó un ataque de risa histérica mientras Sam aullaba.

—¿ES QUE NO ENTENDÉIS —plas plas— QUE NO SOY —plas— DE VUESTRO PAÍS, NINIOS?

Se le había saltado el botón de arriba de la camisa y le goteaba sudor por las mejillas.

—NO TENGO NI UNOS MÍSEROS ZAPATOS PARA ESTE FRÍO HÚMEDO.

A nosotros nos había pasado igual. Cuando llegamos a Inglaterra nunca teníamos la ropa adecuada. En enero llevábamos anoraks y chancletas. Febrero fue el mes de las botas de agua y un vestido de lunares sin mangas. Y en junio, cuando se suponía que empezaba el verano, por fin lo reunimos todo y llevábamos camisetas térmicas, botas, guantes y gruesos gorros de lana.

Me gustó que Farid dijera «vuestro país». Sí, me dije, soy inglesa. No se podía ser más inglesa. Mientras Farid intentaba pegar a mi hermano, miré las cortinas a las que mi padre había hecho el dobladillo con punto de festón una noche después del trabajo. Las había cosido una semana antes de abandonar el hogar familiar. Sam y yo nos habíamos plantado a lado y lado, inclinándonos para ver los dedazos de papá sujetando la minúscula aguja plateada. Cuando Sam hizo el nudo en el hilo de algodón y se lo devolvió, mi padre dijo: «Me parece que estamos conociéndonos otra vez, ¿eh?».

Farid no se parecía en nada a nuestro padre. Para empezar, si papá todavía viviera en casa, habría dicho: «No tortures el horno. Pasa el estropajo con suavidad por la superficie». ¿Por qué decía siempre no tortures la tetera, no tortures los enchufes, no tortures los cubitos? Mi padre fraguaba relaciones muy íntimas con objetos como teteras, pomos de puerta y llaves. Decía que había que entenderlos, no maltratarlos y torturarlos. Rellenar la tetera por el pico en lugar de destaparla era humillarla. Girar demasiado bruscamente el pomo de una puerta era «darle una tunda». No estaba dispuesto a tolerar lo que él llamaba «brutalidad» contra los objetos inanimados.

Mientras Farid y mi hermano rodaban por el suelo dándose puñetazos, yo escuchaba a la gente que cortaba el césped y lavaba el coche, la clase de cosas que ocurrían los sábados en Inglaterra, mientras Joan le gritaba a su perra en la casa de al lado: «HOLLY, HOLLY, HOLLY, ven a casa a merendar».

Farid había conseguido levantarse y miraba a Sam fijamente a la cara.

—Som… —dijo.

Parecía que Farid quería añadir algo más, pero no le salían las palabras. Sin dejar de mirar a mi hermano, al final preguntó dónde estaba nuestro padre. ¿Cómo era que no vivía en la casa de la familia?

—Mamá y papá se han separado.

Farid negó con la cabeza, perplejo. Por primera vez desde que se había presentado en nuestra puerta pensé que tal vez fuera un buen tipo. Se puso incluso a recoger las tapas del suelo.

Cuando mi madre volvió de la compra, dijo:

—Qué paz. Qué agradable volver a casa y no encontraros peleando para variar.

Sacó una botella de Asti Spumante de las bolsas de la compra y la metió en la nevera junto con seis tarros de yogur de avellana. Bien, pensé. Pillaré el vino espumoso en cuanto esté fresco y me escaparé corriendo al parque. Luego me lo beberé de un tirón y me arrojaré delante de un coche, y dejaré las servilletas con la palabra INGLATERRA escrita a boli para mis biógrafos. Acudirán en masa a la casa de Finchley para ver dónde viví y clavarán una placa azul en los ladrillos y el mortero de nuestro primer hogar inglés. Como de costumbre, mi hermano se encargó de interrumpir mis pensamientos y ponerlo todo patas arriba.

—Farid me ha pegado —se quejó a mamá.

—¿Es verdad, Farid?

—Sí —confesó Farid con voz sumisa, patética—. Estaba aporreando el tambor mientras yo intentaba traducir un ensayo de Marx sobre el trabajo asalariado que escribió para la Asociación de Trabajadores Alemanes de Bruselas.

—Farid —dijo mi madre en tono severo—, no vuelvas a pegar a mis hijos nunca más o te pongo de patitas en la calle.

El au pair sonrió. Se le veía contento por primera vez desde que había llegado.

Esa noche, pedimos comida india y vimos *Steptoe and Son* en la televisión. Sam se tumbó con la cabeza en el regazo de mamá y suplicó que le dieran el dhal a cucharadas como a un pachá. Farid se sentó en la butaca donde siempre se había sentado mi padre, pero ya no nos importó. Dijo que le dolía la barriga de los nervios, pero no obstante se acabó su cordero madrás y además se pulió mi pollo con salsa korma.

—Esta familia me gusta mucho. Sois buena gente aunque no sepáis llevar una casa. Pero como yo no tengo un hogar en Inglaterra, considero un honor que me cedáis un hueco en vuestra tienda.

Para cuando me acosté, me sentía rara y floja. Llevaba seis años viviendo en Inglaterra y prácticamente no podía ser más inglesa. De todos modos, procedía de otro lugar. Echaba de menos el olor de plantas cuyos nombres no recordaba, el sonido de pájaros cuyos nombres ignoraba, el murmullo de idiomas que no sabía nombrar. ¿Dónde estaba exactamente el sur de África? Un día lo buscaría en el mapa y lo descubriría. Esa noche la pasé en vela. Tenía muchas preguntas que plantearle al mundo desde el dormitorio de West Finchley sobre mi país de nacimiento. ¿Cómo se vuelve cruel y depravada la gente? Si torturas a alguien, ¿estás loco o eres normal? Si un hombre blanco azuza a su perro contra un niño negro y todos dicen que no pasa nada, si los vecinos y la policía y los jueces y los profesores dicen «A mí me parece bien», ¿la vida vale la pena? ¿Y qué pasa con la gente a la que no le parece bien? ¿Hay suficientes en el mundo?

Mientras el lechero dejaba las botellas en la puerta de casa, de pronto supe por qué en nuestro hogar las tapas de la miel y el kétchup y la mantequilla de cacahuete nunca estaban en su sitio. Las tapas, como nosotros, no tenían su lugar. Yo había nacido en un país y crecía en otro, pero no estaba segura de a cuál pertenecía. Y otra cosa. Era una cosa que no quería saber, pero la sabía de todos modos. Poner una tapa era como fingir que nuestros padres volvían a estar juntos, unidos en lugar de separados.

Salí rodando de la cama y recuperé las servilletas que había cogido del bar de trabajadores. Vi la palabra INGLATERRA escrita a boli en el papel, arrugado y manchado de grasa de beicon, pero no conseguí entender lo que pretendía decir. Sabía que lo que más quería en el mundo era ser escritora, pero todo me abrumaba y no sabía por dónde comenzar.

4

ENTUSIASMO ESTÉTICO

«A veces hay que saber dónde parar.» El tendero chino probablemente se había fijado en que mi mano descansaba bastante cerca del puño de su camisa cuando lo dijo. Las palmeras de fuera del restaurante estaban nevadas cuando nos terminamos la botella de vino. De hecho, los senderos y caminos que conducían de regreso al hotel más o menos habían desaparecido. El tendero aún no me había dicho su nombre. Yo tampoco le había dado el mío, aunque sabía que lo sabía porque se había leído uno de mis libros. Por la razón que fuera, el nombre de cada uno era algo que no queríamos saber. Se inclinó hacia la pareja alemana de la mesa de al lado y los felicitó por haber tenido la precaución de llevarse ropa ártica a Mallorca en primavera.

—Mi amiga —me señaló— va vestida de playa.

El alemán empezó a contarnos, en inglés, que esa mañana se habían topado con una serpiente en las montañas. Había sido una suerte que fueran con botas. La serpiente estaba agazapada en la grieta de una roca. Hasta puede que fuera una cascabel. ¿Sabíamos que las serpientes muertas pueden morder hasta una hora después de haber muerto?

—Sí —respondió el tendero chino—, ya lo sabía.

Se giró hacia mí y empezó a hablar de nuevo de la sopa. Estaba obsesionado con la sopa. Por lo visto, aunque había olvidado cómo preparar una sopa china, todavía recordaba cómo cocinar otro tipo de caldo. Se parecía más a un pudín de arroz que a una sopa, muy nutritivo y reconfortante en invierno, y le gustaba añadirle aceite de sésamo y pimienta. No pude evitar fijarme en que ahora su mano descansaba bastante cerca de la mía, y tal vez él también se diera cuenta, debido a lo que dijo a continuación.

—Dime, ¿dónde crees que tienes la piel más fina del cuerpo?

—¿En la yema de los dedos?

—No. Te lo voy a decir. La piel más fina es la de los párpados, y la más gruesa la de las palmas de las manos y las plantas de los pies.

Me reí y sonrió. Luego se rio y sonreí. Dijo que echaba de menos el olor a cacahuetes tostados de China y que había olvidado cómo se preparaba el marisco de la sopa china, pero que se alegraba mucho de haberse labrado una nueva vida en las montañas mallorquinas porque en ellas lo había invitado a sentarse conmigo en una mesa para tres. Y entonces me dio un leve codazo porque Maria acababa de entrar en el restaurante y estaba sacudiéndose la nieve de las botas. Me sorprendió que pareciera tan alta con aquel abrigo gordo ribeteado de piel. La saludé y Maria se encaminó a nuestra mesa. Llevaba una pequeña maleta en la mano enguantada. Tenía la expresión adusta y triste.

—Mi hermano me ha dicho que tenías frío en la habitación.

—Sí.

—Te he cambiado de habitación. Tienes varias mantas encima de la cama.

—¿Vas a alguna parte, Maria?

—Sí.

Maria no quería hablar. En absoluto.

Abrí el bolso y le di la tableta de chocolate que había comprado en el colmado del tendero chino, «intensidad», con el «99%» escrito a gran tamaño. Y luego saqué el dinero que costaba la habitación de hotel, cuatro noches en metálico, porque pensé que tal vez lo necesitara para lo que fuera que tenía que hacer. Aceptó encantada el dinero en metálico. Cuando me dio un beso en la mejilla, le noté los latidos del corazón por debajo del abrigo, fieros y fuertes.

Más tarde, cuando el tendero chino me acompañó por el sendero de montaña invisible hasta el hotel, volvió a repetir:

—A veces en la vida no se trata de saber por dónde empezar, sino dónde parar.

Me contó que cuando estaba viviendo en París, hacía un montón de años, los fines de semana se sentía solo, así que decidió ir en tren a Marsella. Estaba paseando cerca del puerto y soplaba el mistral y él apenas hablaba francés, pero cuando vio a dos policías parar a un chaval norteafricano, que probablemente no tendría más de diez años, él también se detuvo. El chaval llevaba una camiseta blanca de algodón de niño. Probablemente olía al jabón en polvo con que la había lavado su madre. Los policías le levantaron la camiseta y empezaron a darle puñetazos en la barriga. Era algo que no conseguía olvidar, la imagen de dos hombres adultos levantándole la camiseta a un niño para poder pegarle mejor. Terminó acercándose al niño, que era duro y aguantaba los golpes, y les gritó a los policías con su curioso francés con acento chino: «Basta, basta, basta, basta, basta». No fue exactamente heroico, pero era lo que quería que hicieran. Pararon. Pararon y se marcharon.

El tendero chino dijo:

—Supongo que querrás pararte aquí, porque ya hemos llegado al hotel.

Nos detuvimos junto a la terraza y acercó su cabeza a la mía. Vi las canas en su pelo negro.

Cuando nos besamos, supe que ambos nos encontrábamos en mitad de alguna catástrofe y no sabía si estaba empezando algo o acabando. El cuello de su enorme chaquetón de invierno estaba mojado allí donde la nieve empezaba a derretirse. Se quitó el chaquetón y me lo dio.

—Si sales a dar una vuelta lo vas a necesitar y yo tengo otro en casa. Tienes que vestirte acorde con el tiempo que hace.

Al cabo de un rato, subí por las escaleras de mármol, pasé frente al gran cactus que crecía en una maceta del rellano y me dirigí a la puerta de roble viejo de una habitación de la segunda planta. Abrí la puerta con la llave que me había entregado Maria cuando le había dado el dinero. Era más pequeña que la habitación de arriba. Cuidadosamente plegadas a los pies de la cama había varias mantas y, frente a la ventana que daba a la vieja palmera del jardín, un escritorio y una silla. Era evidente que a Maria le habría costado meter el escritorio por la puerta y encajarlo entre la ventana y la cama, pero lo había logrado.

Tenía una buena vista. Tenía un escritorio. La habitación era cálida. En la chimenea ardían tres troncos grandes. En una cesta cercana había más leños cuidadosamente amontonados unos encima de otros. Hacía tanto calor en la habitación que deduje que la chimenea llevaba un rato encendida.

Maria se había marchado a toda prisa. En plena tormenta de nieve. ¿Se le había quedado pequeño el mundo que se había construido en las montañas? ¿No esperaba con ilusión el momento de recolectar los limones y las naranjas del huerto que ella misma regaba? También había plantado verduras y olivos y había construido colmenas de las que sacaba la miel espesa y aromática que servía en el desayuno. Era Maria quien horneaba el pan y molía los granos de café. La leña que me mantendría caliente toda la noche también la había cortado ella. ¿Quería marcharse sola y acometer lo que fuera que tuviera que hacer a continuación?

Se me ocurrió que tanto Maria como yo estábamos escapando del siglo veintiuno, igual que George Sand que también se llamaba Amantine estaba huyendo del siglo diecinueve, y Maria que también se llamaba Zama buscaba un lugar donde recuperarse y descansar del veinte. Huíamos de las mentiras ocultas en el lenguaje de la política, de los mitos sobre nuestro personaje y nuestro propósito en la vida. Probablemente también huíamos de nuestros propios deseos, cualesquiera que fueran. Era mejor reírse de todo.

Cómo nos reímos. De nuestros deseos. Cómo nos burlamos de nosotras. Antes de que lo haga cualquier otro. Cómo estamos programadas para matar. Para matarnos. Resulta insoportable pensar en ello.

Había otra cosa en la que no quería pensar. Esa tarde, cuando me acerqué al mar y me reí de mí misma bajo las nubes de nieve, lo que me había venido a la cabeza había sido el piano de Maria en el vestíbulo, el piano al que quitaban el polvo a diario pero jamás tocaban. No quería saber que yo me había clausurado como ese piano. Por alguna razón recordé las naranjas que comía de niña en Johannesburgo. Primero tenía que encontrar una que me cupiera en la mano. De modo que buscaba en el saco de la alacena una naranja pequeña porque las pequeñas eran las más jugosas. Luego la reblandecía haciéndola rodar con la planta del pie. Tardaba bastante y se trataba de que el fruto extrajera todo el jugo sin llegar a romperse. Algo que debía notarse a través de la planta del pie. Tenía las piernas morenas y fuertes. Me sentía muy poderosa cuando ideaba cómo utilizar toda mi fuerza en algo tan pequeño como una naranja. Cuando ya estaba, agujereaba la piel con el pulgar y sorbía el dulce zumo. Este extraño recuerdo me trajo a la memoria a su vez un verso de un poema de Apollinaire. Había anotado el verso en el cuaderno polaco hacía veinte años: «La ventana se abre como una naranja».

El piano mudo y la ventana abriéndose como una naranja y el cuaderno polaco que había llevado conmigo a Mallorca estaban conectados con mi novela inédita, *Nadando a casa*. Comprendí que la pregunta que me había planteado al escribir ese libro casi (como dicen los cirujanos) tocaba hueso: «¿Qué hacemos con los conocimientos con los que no soportamos vivir? ¿Qué hacemos con las cosas que no queremos saber?».

No sabía cómo sacar mi trabajo, mi escritura, al mundo. No sabía cómo abrir la ventana como una naranja. En todo caso, la ventana se había cerrado como un hacha sobre mi lengua. Si mi realidad iba a ser así, no sabía qué hacer con ella.

Mientras contemplaba cómo la nieve se acumulaba sobre las hojas de la palmera del jardín de Maria, me pregunté otra cosa. ¿Debía aceptar lo que me había tocado en suerte? Si pensaba comprar un pasaje y subirme al carro de la aceptación, si iba a recibirla y estrecharle la mano, si pensaba entrelazar mis dedos con la aceptación y caminar cogidas de la mano a diario, ¿qué sentiría? Al cabo de un rato comprendí que no podía aceptar mi pregunta. Una escritora no puede permitirse sentir su vida con excesiva claridad. Si lo hace, escribirá con furia cuando debiera escribir con calma.

Escribirá con rabia en lugar de escribir serenamente. Escribirá tontamente en lugar de escribir con sensatez. Escribirá sobre ella misma en lugar de escribir sobre sus personajes. Está en guerra con su destino.

Virginia Woolf,
Un cuarto propio (1929)*

Le había dicho al tendero chino que para convertirme en escritora tenía que aprender a interrumpir, a hablar en voz alta, a elevar un poco la voz y luego un poco más, y luego a hablar sencillamente con mi voz, que no es para nada fuerte. Mi conversación con él me había llevado a lugares que no quería revisitar. No me había esperado regresar a África mientras me refugiaba de la nieve en Mallorca. Sin embargo, tal y como él señaló, África ya había vuelto a mí cuando empecé a llorar en las escaleras mecánicas de Londres.

* Traducción de Jorge Luis Borges (Lumen, Barcelona, 2013). *(N. de la T.)*

Aunque creyera no estar pensando en el pasado, el pasado estaba pensando en mí. Sabía que era verdad porque el tendero chino, cuyo padre era obrero siderúrgico, me había contado que las escaleras mecánicas, o «escaleras giratorias» patentadas en 1859 por Nathan Ames, de Massachusetts, y luego rediseñadas por el ingeniero Jesse Reno, en un primer momento se describieron al mundo moderno como una «cinta transportadora infinita».

Recoloqué la silla y me senté a la mesa. Y luego escudriñé las paredes en busca de enchufes donde conectar el portátil. El agujero de la pared más próximo al escritorio estaba por encima del lavamanos, un precario enchufe pensado para la maquinilla de afeitar eléctrica de un caballero. Esa primavera en Mallorca, cuando la vida se hacía cuesta arriba y sencillamente no veía hacia dónde ir, se me ocurrió que a donde tenía que dirigirme era a aquel enchufe. Para una escritora, más útil incluso que una habitación propia es un cable alargador y varios adaptadores para Europa, Asia y África.

El tríptico «Autobiografía en construcción» lo completan:

El coste de vivir (2019)

Deborah Levy regresa con el objetivo de reinventarse tras un matrimonio acabado, una madre enferma y unas hijas que han abandonado el nido.

Mediante una elocuencia y sensibilidad habituales en su obra, Levy abraza el caos y la inestabilidad a cambio de recuperar un nombre propio oculto bajo capas de resignación. A través de un diálogo mordaz con intelectuales como Marguerite Duras o Simone de Beauvoir, nos regala una reflexión sobre ese papel ficticio escrito por los hombres al que llamamos «feminidad».

Una casa propia (2022)

En la tercera y última parte de su «Autobiografía en construcción», Levy se encuentra, a sus cincuenta y nueve años, con una casa minúscula y ahora ya vacía de familia. Lista para abrir una nueva página de su vida, la autora teje una estimulante y audaz reflexión sobre el significado del hogar y de los espectros que lo acechan.

A través de sus recuerdos, hace inventario de sus posesiones reales e imaginarias y cuestiona nuestra forma de entender el valor de la vida intelectual y cotidiana de la mujer. Después de *Cosas que no quiero saber* y *El coste de vivir*, esta obra es la culminación de una autobiografía escrita en el fragor de una vida